Infinite  *Potential*

天賦的力量

—— 新時代教父內維爾最經典收錄 ——

The Greatest Works of Neville Goddard

內維爾‧戈達德 Neville Goddard 著　林資香 譯

目錄
contents

我們只看得見感官允許看見的東西，對於應該看見的東西卻往往視而不見。一旦明白心念與想法是創造的工具，就不會再被眼前的現實所限制。

每天用遺忘、寬恕來修正你所遇到的不完美，當你在想像中體驗修正的過程後，就可以改變生活事件，消弭所有的不和諧。

你可以架構一齣暗示著夢想實現的小劇本，一遍遍地在心中演練，直到它感覺起來再自然不過，那個夢想就會被實現。

想要盡情欣賞並享受這個世界，你必須學會憑藉著想像力而活，必須想像、堅守夢想，然後成長並超越這個夢想，而且永不停止。

人是宇宙創造力的一部分，你不會失去這股能力，但你可能會錯用。你不是在外在世界去創造，而是在你的內在世界、在你的想像中去執行這一切。

你正要覺醒，將從沈睡中醒來。你會發現是自己創造了這齣戲，是所有事件的導演，因為周遭的所有一切，都是你自己由內而外的投射。

【編輯序】

點石成金的魔術師

「當我走近時，我不假思索也不費力氣，他們就一個接
著一個，被神奇的魔術師所形塑而成了。」

——內維爾，《探尋》，1946 年

內維爾・戈達德，這位出生於巴貝多（Barbados）的神
祕主義者，在美國生活與工作了五十年，直到一九七二年辭
世。他是現代最出色也最不尋常的宗教智識分子之一。

二〇〇三年夏天，我第一次聽到他的名字，當天的情景
我永遠不會忘記。那天，我正在採訪美國職棒大聯盟奧克蘭
運動家的投手貝瑞・齊托（Barry Zito），貝瑞的父親喬曾
帶領他去探索內維爾的作品，於是這位賽揚獎得主便將內維
爾對心智創造力的想法當成訓練計畫的一部分。內維爾的教
導是，所有實相都是自己創造出來的，你的心智就是造物
主，於是這個信念成了貝瑞那段時間追求自我成長一個極其
重要的部分。在訪談進行到一半時，他停下來對我說：「你
一定會喜歡內維爾。」這位神祕主義者用自己的名字寫作，

用自己的名字發表演說，但我從來沒有聽過這個人，關於這一點，貝瑞覺得難以置信。訪談結束後，我拿到了內維爾在一九六六年出版的一本書《復活》（*Resurrection*）。然後我就被書中的想法迷住了，從此就深深地迷上了內維爾本人。

當我被某個教導所折服時，往往都是因為對施教者的性格與風度先起了孺慕之心。在還沒有聽過他那口發音短促的英國腔調，也沒親眼見到他那羅馬風格的形象之前，我就對內維爾這個人十分好奇。對我來說，內維爾傳達的是一種我聞所未聞、激進又嚴謹的主張：**你的想像力就是神**（Your imagination is God）。你所體驗的一切，包括你現在閱讀的文字，都是從自己的創造性思維浮現出來的；在這樣的思維當中，舊約與新約中的耶和華只是一種象徵性的象形符號而已。內維爾告訴我們，一切最終都源自於你，就像你是源自於神，這是《聖經》背後所隱藏的奧祕，並在基督被釘死在十字架上、復活以及對自身神性的自我實現中達到高潮。在內維爾的敘述中，《聖經》中發生的事不是歷史事件，而是一齣神祕的戲劇，注定要在每個人的生命中上演。內維爾在一九六七年時說道：「每個人注定要發現，《聖經》就是自己的自傳。」

你就是神，人們一聽到這句話，立刻就想要反駁。每個人都可以回想起生命中的某些事件，絕非是靠自己的渴望與

願望所催生及創造出來的結果（後面我會再進一步說明）。但是內維爾在他的十多本作品及數千場的演講（允許聽眾錄音，這是深有遠見的創舉，確保了他的精神遺產可以在數位時代永遠流傳），卻始終如一地使用簡潔精確的論述，論證了想像力的神聖性。

「唯一的神，」他告訴聽眾，「就是你自己所擁有的人類美好的想像力。」正如你將在本書所選輯的作品中發現的，內維爾還教導我們存在的深遠意義，就是藉由鍛鍊心智的因果能力來發現自身的神聖本質，而這樣的認知將帶領你邁向一連串的神祕體驗，確認你作為創造者的身分。

* * *

一九〇五年，內維爾出生於巴貝多島的一個英國家庭，加上他後，家中一共有十個孩子（九男一女）。一九二二年，十七歲的內維爾來到了紐約學戲劇，年輕的他初生之犢不畏虎，展現了那個時代與我們這個時代的鮮明差異。他開始嶄露頭角，在百老匯及默片中演出若干角色；一九二六年，一位娛樂專欄作家稱讚這位年輕演員：「與魯道夫・范倫鐵諾（Rudolph Valentino）有驚人的相似度。」他還成為舞蹈團的一員，前往世界各地巡迴演出。

在這幾年的表演生涯中，內維爾接觸過形形色色的神祕

哲學。一九三〇年代初期，這位追尋者開始投入了形而上學的研究，十年之後，他成了神祕主義作家與演講者，在這個出人意料的新生涯中站穩了腳步。受訪時，內維爾將自己的靈性教育歸功於一位纏著頭巾、名叫阿布杜拉（Abdullah）的謎樣猶太黑人身上。據內維爾說，這個人在紐約教了他五年的經文、數字神祕主義、卡巴拉（Kabbalah）、希伯來語，以及心智創造力的法則。

　　內維爾的教導不僅成為正向心智、新思維及形而上學最神祕的領域，也是充滿哲理、智慧及最激勵人心的展現。內維爾巧妙又令人信服地擴展了這樣一個原則：我們每個人都是外覆人類血肉之軀、內裡蟄伏著崇高本性的創造者。內維爾說，我們活在無數實相共存的一個無限網絡之中，透過心像、情緒性想法以及期望的運作，從無限的潛在體驗中做選擇。你所看見的、與你有關的男男女女，全都是造物主的分支，同樣都是創造者：我們在彼此由思想體系建構的宇宙中交會，直到體驗到了自身神性的終極實現（《聖經》中以耶穌釘死在十字架及復活，來隱喻這種終極實現）。

　　內維爾告訴聽眾與讀者，創造者披上了人類的外衣，以便賦予男人與女人生命；創造者對後代的愛是如此深厚、不保留，甚至願意進入一種完全沉浸的狀態而忘記了自身的神性。體現在這個宇宙中的是一齣神祕的劇本：每個人都像蝶

蛹般沉睡，忘記了自己的真實本性，經歷了歡樂與悲傷、勝利與苦難，而後終於領悟了真理，度過深具教育性的一生；就這樣，創造者被喚醒並回歸真我。

如果這一切聽起來讓你有點暈頭轉向，請少安勿躁。內維爾會以讓人卸除心防的淺顯言語來傳達他的想法，並經常強調運用心智的力量來滿足願望。他的主張吸引了各種不同程度的神祕學愛好者及靈性追尋者。內維爾的靈性思想宛如史詩般恢弘深奧，卻又能落實在日常生活中；他是少數擔得起這種讚譽的現代靈性思想家之一。

* * *

內維爾對我的影響遠遠超過其他導師，我還將他的形象紋在左手臂上，因為親身的經歷，讓我對他的理念深信不疑。我曾經寫道，人類活在許多法則與力量之下，其中也包括肉身必定日漸衰退與腐朽的法則，無一人例外。所有新思潮的圈子以及其他神祕學都會談到，我們每個人都會精準地在約定好的時間離開這個世界——這是內維爾偶爾會以自己為例的一件事；但同時，我們又為了健康與長壽而不惜付出一切，尤其是在面對似乎會剝奪自己生命潛能的絕症或慢性病時。有想法又深思熟慮的追尋者，經常質疑內維爾人類擁有絕對神性的主張，而上述矛盾只是他們提出的其中一個問

題。那麼，我如何在帶著疑慮的狀態下，繼續致力於探索內維爾的作品呢？

首先，我並不能確定我可以做到——或是我應該這麼做，或是內維爾希望我能做到。本質上，信仰是崇高的、必要的，但我無意創造一種封閉的信念迴路，這樣的體系會扼殺內在的探索，並將個人問題與衝突簡化為教義問答。矛盾與內在衝突，是任何成熟的追尋與探索所必須付出的代價。

這表示至少我可以努力地把內心的疑問與對內維爾思想的堅定信念逐漸調和。首先，不能忽略的一點是，內維爾的哲學是最早也可能是最接近量子理論的神祕學說之一。量子理論假設在一個世界中，次原子粒子會對有意識的觀察產生有效的反應，而且在這個世界中同時存在著無限種可能性。早在量子理論普及的數十年之前，內維爾就提出了類似的見解，這種洞察力如今看來仍令人震驚。在他死後才出版的遺作《五堂課》（*Five Lessons*）中，內維爾在一九四八年就告訴聽眾：「科學家總有一天會解釋，為什麼存在著一個連續宇宙。但更重要的是實踐，你要如何利用這個連續宇宙來改變未來。」在一九四九年出版的《超越世界》（*Out of This World*）第五章中，他做了更進一步的推論。

我們如何「利用」這個連續宇宙？其實，我們往往在無意中斷斷續續地這麼做。內維爾認為，由於意圖與實現之間

存在著自然的時間差，我們經常會忘了曾經抱持的信念、想法及形成於意識中的心像，過後才驚訝地在現實世界中與它們重逢。內維爾告訴我們，在類似夢遊的半清醒狀態下，對於那些我們所製造出來的結果是相逢不相識——我們不知道是自己創造出它們。的確，我相信很多人過了大半輩子，都沒有意識到或只模模糊糊地意識到內心深處的願望，這些願望是無法坦然承認的，因為我們害怕它們是自私的、卑鄙的，或是對自己在他人眼中的形象產生不好的影響。蘇聯時期由安德烈·塔可夫斯基（Andrei Tarkovsky）執導的科幻電影《潛行者》（Stalker），就探討了這個與個人真實欲望疏離的議題，對內維爾思想有興趣的人不妨一看，會有相當特別的觀影體驗。

作家愛默生（Ralph Waldo Emerson）在一八六〇年的隨筆〈命運〉（Fate），描述了這種忘記的過程與時間的流逝：

> 我們所追尋的終將尋得，所逃離的終將遠離；歌德曾說過：「年輕時希冀的，年老時會蜂擁而來。」有求必應往往會讓我們深受其害，因此必須格外小心，既然凡是我們想要的必定會得到，就必須留意只為崇高之事而祈求。

以上所說的，正好呼應了一句老話：許願需謹慎，夢想

會成真。

我相信，你極可能已經忘了真正想要什麼，也習慣了日復一日的生活；你認為自己有渴望的東西（比如體面的家人、美好的家庭），但事實上，你內心窩藏著一個截然不同的願望，一個你可能會否認的願望。當它推擠著你的覺知高牆時，你會對現在的生活感到痛苦、不安及疏離，並且往往把怒氣發洩在他人身上。

因此內維爾的哲學提出了一個要求，一個我們或許認為自己足以應付、但在多數情況下從未嘗試過的要求：了解自己真正想要的是什麼。當我們能以無畏的成熟與誠實去正視自己內心的渴望，或許會對自己的發現大感驚訝。了悟是通往實現的那一道曙光，或至少宣告著自我疏離的結束；而這所有一切，全開始於一個變得清楚的渴望。

* * *

內維爾表示，我們所生活的這個世界，所有渴望都是可能實現的，因為所有一切都是心智創造出來的。然而，我再一次撞上了自我駁斥的高牆。思慮縝密的人不可能忽略我們這個世界有這麼多的悲劇與痛苦：使國家分裂並殺害或重創無數受害者的內戰；摧毀家庭及社會的海嘯與地震；導致大規模死亡與苦難的饑荒和瘟疫。有哪個認真的人會說：「難

不成古往今來所有的文化與民族，都在創造自己的災難嗎？」又或者，更令人畏懼和氣餒的：「難道我這個作為神的人，在為我自己及他人創造災難嗎？」

這個看似複雜難解的問題，或許掌握了存在之謎的關鍵。不管我們認為生命的最終依據為何，在我們所占據的這個身體框架中，我們不得不去體驗一些事情，而這些事情可能有明顯的心理因果關係，也可能沒有。想一想：法則之所以是法則，就必須具備始終如一的一致性，但這不意味著每一次我們都能感覺得到。舉個例子，萬有引力始終都在，但在地球所感受到的引力，跟在月球上或木星上所感受到的引力完全不同；而在真空中，你完全感受不到這股力量。這不是引力失去作用了，而是因為引力只對質量有反應，在質量不存在的情況下，引力的作用也不存在。我們的心智也可能發生類似的過程：人類利用有限的五種感官去應付日常生活，也被迫去感受各種法則與力量，即便有些是具破壞性的、讓人痛苦的，但每種感官體驗都跟你的身體一樣真實。

英國詩人威廉・布萊克（William Blake）寫道：「如果感知之門能被淨化，萬物將不受限制地以它們本來的面貌呈現在人們面前。」在高敏感的狀態下，我們可以窺見心智的無限能力，內維爾將這種了悟稱為我們與生俱來的權利。但是，直到這種與生俱來的權利被實現，以及感知之門被淨化

之前，我們都必須在這個感知有限、充滿苦難的粗糙世界行住坐臥，遵循道德的指引。唯有在終極自由的狀態下，這一切才會改變。否則，我們就算是生命之樹的一部分，也會像枝椏一樣地枯萎、死亡。

＊　＊　＊

　　如果你對內維爾的理念不太了解，希望這本書能夠帶你入門，給予你啟發及實用的指導。如果你曾讀過內維爾的作品，在這本書中將會受益更多。本書收錄了內維爾生平的重要作品與演講，可以讓你的實踐、探究以及追尋更深入，就像我一樣。在編輯這本書的過程中，我不得不重新檢視自己的一些想法，同時也慶幸有機會能夠更完整、更全面地探索內維爾思想的深刻意涵。

　　這是一本按照年分排序的作品選集，每一章前面都有簡短的介紹，以指出內維爾在形而上學的各項具體發展。雖然內維爾的理念在他的第一本書《聽從你的指令》中已經成形，並且終其一生都未曾改變，但你還是可以在他的思想中察覺出明顯的深化、精煉及不斷演進的軌跡。

　　專心且深入地閱讀，看看你有哪些體驗。但願這些內容可以化為動力，敦促你開始尋求你至高無上的目標。

──米奇・霍羅威茨

第 1 章

聽從你的指令

內維爾第一本書的全文，*1939* 年

《聽從你的指令》（*At Your Command*）這本小書是內維爾·戈達德的第一本作品，於一九三九年出版，書中闡述及定義他對神學及教學法的大部分理念，也奠定了內維爾當之無愧的哲學家地位。在這本書出版的前一年，內維爾才剛開始對外傳布他的理念。

——米奇·霍羅威茨

指令的首要原則

在這本書中，要來談談「表達原則」（Principle of Expression）的本質與精髓。假如我願意的話，也可以把它擴寫成一本好幾百頁的大書，但這樣做，無疑與本書目的背道而馳。

指令要有效，必須簡短扼要。有史以來最偉大的指令，就只是幾個簡單的字：「神說：『要有光。』」

按照這個原則，現在我要把自己所看到的真相，透過這本書如實告訴你們（讀者）。

——內維爾・戈達德

聽從你的指令

　　人可以下指令讓某件事情發生嗎？絕對可以！事實上，人始終都在下指令讓事情出現在他周遭的世界，即便就在此時此刻，也仍然在下指令讓事情發生在他的生命中。生而為人，只要意識到自己的身分，就會繼續這麼做。出現在生命中的每件事，都是自己下指令讓它們順理成章地出現，每一件事都是如此。你或許會否認這一點，但無論如何你都無法駁倒它，因為這種指令是基於這條不變的原則。你無法透過言語或肯定語去下指令來讓事情發生，相反的，這種徒勞的複述往往只會帶來相反的事情。因為，下指令永遠都是在意識中完成的；也就是說，每個人都是有意識地讓自己成為什麼樣子的人。不會說話的啞巴意識到了自己是啞巴，所以才認定自己是個啞巴。

　　以這樣的觀點來看《聖經》，會發現它是有史以來最偉大的科學著作。與其將《聖經》視為古文明的歷史紀錄或耶穌基督的不凡傳記，不如將它看成是人類意識所上演的一齣偉大的心理劇。

　　把它視為你自己的一齣戲，你的世界會突然從埃及的貧

瘠沙漠變成應許之地迦南（Canaan）[1]。

　　每個人都同意萬物是神所創造出來的說法，沒有祂，就沒有任何東西被創造出來。不過，對於神的真正身分卻意見紛歧。全世界的教堂與所有神職人員，對於神的身分與真正本質，各有各的看法，莫衷一是。但無疑的，關於神的身分與本質，《聖經》中的摩西與先知們百分百是抱持一致看法的；同時，關於耶穌的一生與教導，也與老先知們的發現是一致的。當摩西發現神是對存在的一種覺知（awareness of being）時，他就坦言自己明白的不多：「那**自有**的打發我到你們這裡來。」[2]大衛在詩篇中唱道：「你們要休息，要知道**我是**神。」以賽亞說：「**我是**耶和華，在我以外並沒有別神；除了我以外再沒有神。你雖不認識我，我必給你束腰。我造光，又造暗；我施平安，又降災禍；造作這一切的，是我耶和華。」

　　被當作神的存在覺知（I AM，「我是」），在新約中提到了數百次，列舉數例如下：「**我是**牧人」、「**我是**

1　編按：耶和華曾答應亞伯拉罕，要賜給他的後人迦南一帶的土地，據說這是一個到處「流淌著奶和蜜」的富饒之地。

2　編按：此句《聖經》原文是「I AM hath sent me unto you」文中的 I AM 直譯是「我是」，中文意譯為「自有永有」，是神與以色列人立約時的自稱，也就是神對摩西所說的：「我是自有永有的。」

門」、「**我是**復活與生命」、「**我是**道路」、「**我是**阿拉法
（Alpha），**我是**俄梅戛（Omega）」、「**我是**初、**我是**
終」，以及「你們說**我是**誰？」。

　他們沒有這麼說：「我，耶穌，是門；我，耶穌，是道
路。」也不是說：「你們說我，耶穌，是誰？」而是明確地
指出：「**我是**道路。」藉由存在覺知這個大門，生命的具體
顯現逐漸進入有形的世界中。

　意識是復活的力量——當人們意識到某個東西存在時，
那個東西就會復活。人們會將自己所意識到的東西向外投
射、顯化出來，這個真理會讓人們自由，因為人若不是習慣
於自我囚禁，就是自我釋放。

　如果你願意放棄以前對神——除了你自己之外的那個神
——的一切信仰，並如同耶穌與先知們一樣，宣稱神就是你
的存在覺知，那麼你將以「我與父原為一」的領悟來改變你
的世界。「我與父原為一，父比我更大」這句話似乎讓人困
惑，但若是按照我們剛才所說的「神的身分」來詮釋，就會
發現它大有啟示。神的意識就像「父親」，而你的存在意識
則是見證「父親」的「兒子」；兩者的關係就像是構思者以
及他所形成的概念，構思者永遠比他的概念要偉大，但是也
始終與他的概念合而為一。例如，在你意識到自己是人的存
在之前，你會先意識到「存在」，然後才會意識到自己是人。

因此，你這位構思者永遠比你的概念──人──來得偉大。

耶穌發現了這個光芒萬丈的真理，並昭告世人說自己與神本為一體，而不是人所塑造出來的神，因為他從來不認可這樣的神。他說：「若有人對你們說，『看哪，在這裡；看哪，在那裡』，你們不要信，因為神的國就在你們心裡。」天國就在你心裡。因此，當我們看到《聖經》說：「他往父那裡去」時，就是在告訴你，他的意識上升到剛剛覺知到自己的存在，從而超越了當下對自己被稱為「耶穌」的自限性概念。

存在的覺知讓一切皆有可能。耶穌說：「你定意要做何事，必能給你成就。」（《約伯記》22:28）這就是他的諭示，將意識提升至你渴望之物的自然存在狀態。正如他所表達：「我若從地上被舉起來，就要吸引萬人來歸我。」（《約翰福音》12:32）如果我的意識被提升至所渴望之物的自然狀態，我所渴望之物將會顯現並吸引到我身上。因為他說：「若不是差我來的父吸引人，就沒有能到我這裡來的，我與父原為一。」因此，意識就是你的父，為你吸引生命的顯化。

此時此刻，你正在將你所意識到的東西吸引到你的世界。現在，你應可看出「你必須重生」是什麼意思了。如果你對目前的生活不滿意，那麼改變它的唯一方法，就是將你

的注意力從那些看似真實的事物上轉移開來，並將你的意識提升至你所渴望的事物上面。你無法同時服侍兩位主人，因此將你的注意力從一種意識狀態轉移到另一種，就是在一種狀態上死亡，而在另一種狀態上重生。

「你們說**我是誰？**」[3]這不是由一個叫「耶穌」的人對另一個叫「彼得」的人所提出的問題，而是由一個人的真實存在對他的自我所提出的一個大哉問。換句話說，就是：「你說你是誰？」你對自己的信念，也就是你對自己的看法，將決定你生命的表達方式。耶穌說：「你們信神，也當信我。」換句話說，你內在的「我」，就是神。

因此，祈禱應被視為一種認可，認可你自己去成為你現在所渴望的，而不是去向一個不存在的神祈求你現在所渴望的東西。

難道你還不明白，為什麼無數的祈禱都沒有得到回應嗎？這是因為人們在向一個不存在的神祈禱。例如，你意識到自己的貧窮，因此向神祈求財富，但你的回報會是你所意識到的東西，也就是貧窮。祈禱要能成功，你要做的是「聲明」而不是「乞求」；因此，如果你想祈求財富，就得否定

---

3 編按：出自《路加福音》9:20。耶穌說：「你們說我是誰？」彼得回答說：「是神所立的基督。」

感官所出示的證據，也就是否定你的貧窮現況，並假設你已
經變得富裕了。

　　耶穌對我們說：「你禱告的時候，要進你的內屋，關上
門，禱告你在暗中的父；你父在暗中察看，必然報答你。」
（《馬太福音》6:6）我們已經確定「父」是存在的覺知，也
確定了「門」是存在的覺知，因此「關上門」就是將現在覺
知的這個「我」關在門外，並聲明自己已成為理想中的
「我」。當我的聲明被確定到令人信服的那一刻，跟我聲明
有關的那些證據就會開始被吸引到我身上來。

　　不要問這些事物是如何顯化出來的，因為沒有人知道。
也就是說，沒有任何顯化會預先知道這些渴望的事物將會如
何出現。

　　意識是方法、是道路，或說是那扇門，透過意識，事物
才得以出現。他說：「**我是**道路」，而不是我張三李四是道
路；「我是」等於存在覺知，也是事物得以顯現的方法。所
有的跡象都是尾隨而至的，從來不是事先出現的。只有意
識，才會讓事物成真；因此，先要有那樣的意識，然後事物
才會被驅使出現。

　　我們是這麼被教導的：「你們要先求祂的國和祂的義，
這些東西都要加給你們了。」（《馬太福音》6:33）先意識
到你所尋求的事物，而且不要試圖去改變或左右它們，也就

是「你定意要做何事，必能給你成就」的含意。運用這個原則，你就會知道何謂「向我證明並讓我看見」。瑪利亞的故事是每個人的故事，她以某種神奇的方式生出一個叫「耶穌」的人，瑪利亞不是一個女人，而是始終都保持童貞的存在覺知，不論它使多少渴望成真。現在，將你自己視為聖母瑪利亞，藉由「渴望」這個媒介而自行受孕，與你的渴望合而為一，而你的渴望必須強烈到能夠體現或催生出你所渴望的事物。

例如：據說瑪利亞（你現在知道她就是你）不認識任何男人，但是她懷孕了。也就是說，你，不管是張三或李四，即便沒有理由相信你現在的願望是有可能實現的，但因為你發現你的存在覺知是神，於是你讓這個覺知成為你的丈夫，並懷了一個主的孩子（顯化）。「因為造你的，是你的丈夫；萬軍之耶和華是他的名；他必稱為全地之神。」（《以賽亞書》54:5）你的理想或抱負就是這樣的一個概念——對她（現在是對你自己）來說，第一個指令就是「去做，不可對人說」。也就是說，別跟人討論你的抱負或渴望，因為別人只會對你眼前的恐懼做出回應。守口如瓶，是實現渴望要遵守的第一條法則。

第二個指令是「尊主為大」（Magnify the Lord），正如瑪利亞的故事告訴我們的。我們將主視為你的存在覺知，

因此「尊主為大」，就是去重新評估或擴展現在對自我的設想，直到重新評估變得極其自然。一旦達到了這種自然的程度，經由在意識中合而為一的過程，就能賦予新自我生命，讓這個設想成真。

《約翰福音》第一章即以摘要的形式，把神創造宇宙的故事告訴了我們。

「太初有道。」接著要說的是「太初」（beginning），可以視之為一個強烈衝動（渴望）的初始；「道」（The word，或聖言）則是泅游在你意識之中的渴望，它想要得到實現。這股衝動本身並非現實，因為「我是」或存在覺知才是唯一的現實，事物只有在被「我是」覺知到才會存在。因此為了實現願望或渴望，《約翰福音》第一章第二節要緊跟上，亦即「道與神同在」。道（或說渴望），必須與意識固著或結合在一起，才能成為現實。覺知開始覺察到所渴望的事物，從而聚焦於它的形式或概念上，並賦予生命，或使之前死去或未實現的渴望復活。「若是你們中間有兩個人在地上同心合意的求什麼事，我在天上的父必為他們成全。」（《馬太福音》18:19）

這是覺知與渴望所達成的協議，而不是人與人之間的協議。現在，你已經意識到存在，因此不再需要言語就能明確地對自己說「**我是**」。現在，如果你渴望達到的是一種健康

狀態，在你的世界尚無任何健康跡象出現之前，你就已經開始感覺到了自己越來越健康。等到「**我是**健康的」這種感受被落實後，覺知與渴望這兩者的協議也完成了。也就是說，**我是**與健康同意了合而為一，於是這項協議就導致了一項產物——雙方達成共識的那個目標，在這個例子中，就是健康。因為我做了協議，所以被同意的事物就被表達出來了。因此，你就能了解為何摩西會說：「那自有的打發我到你們這裡來。」除了**我是**，還有什麼存在可以讓你去顯化及表達的？沒有。因為「**我是**道路，除我以外再沒有神。」如果你乘著清晨的翅膀飛向世界的盡頭，或是在陰間下楊，仍然能覺知到存在；你的覺知永遠會讓你所想望的事物顯化出來，而你所顯化的，也永遠都是你覺知到的存在。

　　摩西一再地說：「我是我所是。」（I AM that I AM）[4]。以下，是你必須牢記在心的：你不能舊瓶裝新酒，也不能在舊衣上縫起新的補丁。也就是說，你無法帶著「老舊的你」的任何部分，跟你一起進入新的意識。所有你目前的信念、恐懼以及限制，都是把你束縛在目前這個意識層次的負荷。如果你想超越這個層次，就必須拋開這一切，包括你現在的

---

4 編按：此句在聖經中都通譯為「我是自有永有的」，為方便理解，此處採用直譯。

自我或是你對自己的看法。要做到這一點，你必須把注意力從現在的所有問題或限制上轉移開來，從而專注地停留在存在覺知之上；亦即，你要靜默並充滿感情地對自己說：「**我是**」。現在，還不必去調整這種「覺知」，只要表明你的決心、持續這麼做，直到讓自己全心沉浸於這種無名亦無形的存在情緒之中。當你的意識擴展，在你內心深處這種毫不受形式所拘束的狀態下，藉由「感受」自己成為你所渴望的樣子，會使新的設想凝結成形。

你會發現在自己的內心深處，一切都有神聖的可能性。對你來說，當下這種無形無相的覺知中，你所能想像的世間萬物都是最自然的體現。

《聖經》邀請我們：「離開身體，與主同住」。「身體」指的是你對以前的自己所抱持的看法，而「主」指的是你的存在覺知。這就是耶穌對尼哥底母（Nicodemus）所說的：「你們必須重生，人若不重生，就不能見神的國。」（《約翰福音》3:3）也就是說，除非你拋下對目前的自己所抱持的看法，並呈現出新生的本質，否則你所展現出來的，仍舊是你目前所受到的限制。

要改變你的生命，唯一的方法就是改變你的意識，因為意識就是圍繞在你周遭、需要不斷去鞏固的實相。每個人生命中的所有細節，都是意識對外的投射與表達。你無法藉由

摧毀、破壞來改變你的環境或世界，就像你無法毀掉鏡子來改變自己在鏡子中的樣子。你的環境以及其中的一切，都在反映你的意識；只要你繼續待在這樣的意識中，就會繼續將之投射到你的外在世界。

了解到這一點後，可以開始重新評估自己。人們往往會低估自己。《民數記》（*Book of Numbers*）提到：「那時候有巨人在地上；據我們看，自己就如蚱蜢一樣，據他們看，我們也是如此。」這裡指的並不是出現巨人的那個時代，而是今日，也就是永恆的現在。當你周遭的情況宛如巨人那樣嚇人（比如失業、敵軍、你面對的問題，以及所有可能對你產生威脅的事物），讓你感覺自己渺小得就像是一隻蚱蜢。但是你也看到了，你必須先把自己看成是一隻蚱蜢，然後巨人們才會把你看成是一隻蚱蜢。換句話說，你怎麼看待你自己，別人就會那麼看待你。因此，重新評估自己並開始感覺你是個巨人、是力量的中心，那些原本的巨人才會相形見絀，顯得他們矮小如蚱蜢一般。「世上所有的居民都算為虛無，在天上的萬軍和世上的居民中，他都憑自己的意旨行事。無人能攔住他手，或問他說：『你做什麼呢？』」（《但以理書》4:35）這裡所說的，並不是那個端坐在宇宙中、循規蹈矩的神，而是唯一的神——永恆的父，也就是你的存在覺知。因此認清你所擁有的力量，不是身為人而是身

為你的真實自我，那種無形無相的覺知，能將你從自我囚禁的牢籠中釋放出來。

「我是好牧人，我認識我的羊，我的羊也認識我。我的羊聽我的聲音，我也認識他們，他們也跟著我。」（《約翰福音》10:14；10:27）覺知是好牧人，我覺知到的存在，就是跟隨我的羊。因此，一個好「牧人」是你的覺知，它永遠不會弄丟任何一隻「羊」，也就是你覺知到的存在。

我是聲音，在人類混亂的曠野中呼喚著我所意識到的存在，而且也確信我永遠不會找不到自己。「**我是**」一扇門，對我想進入的一切敞開著，而存在覺知是生命的主與牧人，因此以真正的角度來審視「耶和華是我的牧者，我必不至缺乏」這句話，指的就是你的意識。對於你覺知到的存在，你永遠不需要證明，也不缺乏證據。

既然如此，你為何不去覺知偉大的存在：神的愛、富裕、健康，以及所有你所欣羨的特質呢？

具備這些特質的意識跟擁有相反特質的意識，同樣容易。這是因為並不是你的世界讓你沒有這樣或那樣的意識；相反的，是你的意識使你的世界成為現在的樣子。很簡單，不是嗎？事實上，對總是試圖把事情複雜化的人類智慧來說，或許太過簡單了。

保羅提到這個道理時說：「在外邦人（或世俗智慧）

『為愚拙』，在猶太人（或指那些尋找徵兆的人）為絆腳石」；結果，那個人繼續在黑暗中行走，而不是清醒地意識到自己的存在。長久以來，人們始終崇拜著由自己所造的偶像，以至於一開始，他們會覺得這個啟示所揭露的真理是褻瀆神明的，因為它意味著他們先前對神（一個有別於他自己的神）的信仰會就此終結。這個啟示要叫人知道：「我與父原為一，父比我更大」，意思是：你與你現在對自己的看法本為一體，但你比你現在所覺知到的存在要更偉大。

在一個人試圖改變他的世界之前，必須先打好基礎──「**我是主**」；也就是說，一個人的覺知（即存在意識）就是神。在這個基礎被牢固建立起來之前，他會發現自己只能回到先前信仰的奴役之下，但一旦立好基礎，就再也沒有任何人提出的建議或論點可以加以動搖。「你們若不信**我是**基督，必要死在罪中。」（《約翰福音》8:24）也就是說，你將繼續困惑並受挫，直到你找到困惑、受挫的原因。「當你們舉起人子以後，必知道**我是**基督。」（《約翰福音》8:28）也就是說，我不論是張三或李四，沒有一件事是自己做的，而是我的父（或是現在與我合而為一的意識）所做的。

當你理解這一點時，你內心所湧現的所有衝動與渴望，都會在你的世界中得到表達。「看哪，我站在門外叩門，若有聽見我聲音就開門的，我要進到他那裡去，我與他、他與

我一同坐席。」（《啟示錄》3:20）那個叩門的「我」，就是一股衝動。

門是你的意識，打開門，就是藉由「感受」你自己成為你所渴望的樣子，與叩門者合而為一。如果你感受到的是自己的渴望不可能實現，就等於關上了門，拒絕讓這股衝動表達出來。提升意識去感受事物的自然本性，就是廣開大門，邀請這股衝動顯化成真。

這就是為什麼《聖經》中會不斷提到：耶穌離開了顯現的世界，升上去見他的父。耶穌就跟你我一樣，發現對身為人類的他來說，一切都是不可能的。然而，當他發現，他的父就是他所渴望之物的意識狀態時，他便拋下了他身為耶穌的意識，把自己的意識提升至自己所渴望的狀態，並在此停駐，直到他與這樣的狀態合而為一。當他把自己變成這樣之後，他就成了他所要表達的樣子。

這就是耶穌帶給人們的簡單訊息：人，不過是非個體存在的外衣，非個體存在亦即人們稱為神的**我是**；而每一件外衣都有它的局限。身為人類的你，不論是張三或李四，都會發現自己有心餘力絀之處；但為了超越這些局限並讓渴望得以顯化，你要將注意力從目前的限制（也就是你對身為張三或李四這個身分的看法）轉移開來，好讓自己能全心全意融入所渴望的存在之中。沒有人知道這股渴望或剛成形的意識

會如何呈現,因為我(或說剛成形的意識)擁有你們所不知道也無法發現的方式。不要揣測意識「如何」去體現它自己,因為沒有人有足夠的智慧去了解它的運作方式。揣測只是證明你尚未達到你渴望之物的自然存在狀態,因此才會充滿懷疑。

《聖經》告訴我們:「你們中間若有缺少智慧的,應當求那厚賜與眾人、也不斥責人的神,主就必賜給他。只要憑著信心求,一點不疑惑,因為那疑惑的人,就像海中的波浪,被風吹動翻騰。這樣的人,不要想從主那裡得什麼。」(《雅各書》1:5-6)你可以看出這段文字是基於怎樣的觀點。因為所有的事物都只能建立於信念的磐石上,如果你沒有對某件事物的意識,就沒有建立這件事物的任何原因或基礎。

下面這句話,可以證明新意識已被建構起來了:「感謝天父。」當你沉浸於感恩的喜悅中,確實因被賜予的事物而充滿感激時,你就已經與所感謝對象的意識合而為一了,即便你的感官還沒有明顯接收到它們。神(亦即你的覺知)是不會被愚弄的,你只會得到你所覺知到的存在,而且也沒有人會為他尚未得到的東西表示感謝。「感謝天父」並不是一種神奇的公式,儘管現在有許多人會這麼用它。你不用大聲說出「感謝天父」這些字眼,因為當你在運用上述原則時,你的意識會提升到某種程度,讓你就像已經得到渴望之物般

地由衷感謝並欣喜至極，這時，你將會自然而然地、由內而外地感到快樂並充滿感激。也就是說，在你提升意識之前，你已經收到了這份禮物——儘管它當時還只是一種渴望而已；等你提升意識後，你的信念就成了包裹渴望的一種實質外衣。

這種意識的提升宛如靈性的結合，兩者要同意合而為一，它們的模樣或形象才能在俗世被建立起來。

「使你們奉我的名，無論向父求什麼，祂就賜給你們。」（《約翰福音》15:16）「無論求什麼」是相當大的尺度，可說是無條件的，而且也沒有限制說只有社會上認為是對的事，你才能去求祂。事實上，這件事是否能成，完全取決於你。你真的想要它？渴望它？那麼，這就是你所需要的一切了。如果你「奉祂的名」去求，生命就會把它賜給你。

祂的名，並不是一個你可以用嘴巴念出來的名字。你可以不斷奉上帝、耶和華、基督的名祈求，但必然徒勞無功。「名」意味著本質，所以，當你求的是一件事物的本質時，永遠會有隨之而來的結果。以名來求，就是提升意識，在本質上與你所渴望的事物合而為一，將你的意識提升至與該事物的本質合而為一的狀態，你就會成為該事物的表達形式。因此，「凡你們禱告祈求的，無論是什麼，只要信是得著的，就必得著。」（《馬太福音》11:24）

　　正如前述所指出的，祈禱是一種認可——相信你所領受的指令是第一人稱的現在式。這意味著，你必須在渴望成真之前，置身於渴望之物的本質中去祈求。

　　為了能輕易地融入這樣的本質之中，全然地寬恕並赦免他人的過錯是必要的。《聖經》告訴我們：「若想起有人得罪你們，就當饒恕他，好叫你們在天上的父也饒恕你們。你們若不饒恕人，你們在天上的父也不饒恕你們。」（《馬可福音》11:25）這聽起來，像是某個人格化的神對於你的作為感到高興或不高興，但事實並非如此。

　　你的意識既然是神，那麼你若是持有任何不利於人類的意識，在你的世界之中，你也會跟這樣的條件綑綁在一起。寬恕人類免受所有的譴責，同時也在赦免你自己，讓你得以提升至任何必要的層次。所以在耶穌基督的意識中，對那些人沒有任何的譴責。

　　因此在你進入冥想前，一個非常好的做法是免除世界上所有人的責難。由於「法則」永遠不會被違反，你可以放心地相信，每個人對自己的看法將會回報到他身上。所以你不必庸人自擾，也不必費心去看人們是否得到你認為他們所應得的，因為生命從不犯錯，它給人們的東西都是人們先給自己的。

　　這讓我們想到《聖經》中關於大量濫用什一稅的陳述。

各式各樣的導師都利用什一稅這事來役使人們，因為他們自己都不了解什一稅的本質，同時又害怕匱乏，於是讓他們的門徒相信，要將十分之一的收入奉獻給主。他們說得很清楚，意思是當一個人把收入的十分之一交給特定組織時，就等同於將他的十分之一奉獻給了耶和華。但請記住：「**我是主**。」你的存在覺知，就是你所奉獻並一直以這種方式付出的神。

因此，當你聲稱自己是任何事物時，你已經將這樣的主張或特質給了神。而你不偏不倚、一視同仁的存在覺知，會回過頭來連壓帶搖，用盡全力地使你所聲稱的屬性或特質滿溢出來。

存在覺知不是你可以用名字去加以限制的。主張神是富足的、是偉大的、是愛、是無所不知的，等於是在定義無法被定義的東西。因為，神是無可名之的。

什一稅是必要的，你把十分之一的收入奉獻給神。但從現在起，當你把它奉獻給唯一的神時，也別忘了藉由宣稱你自己是偉大的、富足的、有愛的、無所不知的，而把這些特質都給了唯一的神（你的意識），這些都是你生而為人所渴望要展現的特質。

不要揣測你會如何去展現這些特質或主張，因為生命自有其運作之道，那是身為人類的你無從得知，也無法發掘出

來的。但我可以向你保證，若你能對這些特質或主張深信不疑，那麼它們必然會實現。沒有任何隱蔽之物是不該被揭露的，祕密的低語應在屋頂上大聲說出來；也就是說，當你對自己的祕密信念（那些沒有任何人知道的隱祕主張）真正深信不疑時，它們就會從你世界的屋頂被高聲宣揚。因為你對自己的信念，就是你內在之神的話語，這些神聖話語非常靈驗，不會無功而返，會到達它們必須被送往之處。

此時此刻，你正大聲呼喊著你現在所意識到的永恆及無限，你所說的每一個字或是每一個信念都會找到你。

「**我是**葡萄樹，你們是枝子。」（《約翰福音》15:5）意識是「葡萄樹」，而你現在所意識到的那些特質與屬性，則是你所餵養而存活的「枝子」。就像一根枝椏，除非穩穩根植在葡萄樹上，否則就沒有生命。所有事物都是如此，除非你能意識到它們，否則它們就沒有生命。而就像這根枝椏，如果葡萄樹的汁液不再流向它，它會枯萎、死亡；你世界中的事物也是如此，如果你把注意力從它們身上移開，它們就會消逝。因為你的注意力，就是支撐那些事物得以存活的生命汁液。

要解決眼前一個對你來說看似非常真實的問題，你只需把注意力從這個問題移開就行。即便這個問題看起來十分真實，你仍然要在意識中遠離它，並開始去感受你自己就是這

個問題的解決之道。

　　舉例來說，如果你被監禁起來，不用任何人告訴你，你應該渴望自由。因為對自由或說對自由的渴望，是自然而然生成的。所以，何必去看監牢的四面高牆後面有什麼呢？將你的注意力從被監禁的狀態中移開，並開始感覺到自己是自由的。充分去**感受**自由，直到這種感覺變得極其自然。一旦你做到的那一刻，那些囚禁你的監牢就消失了。任何問題都適用這個原則。

　　我曾看過債台高築的人運用此一原則，轉眼之間清除了累累的負債。我也看過罹患不治之症、被醫生放棄的病人，將注意力從自己的疾病移開，然後全心去感受自己正處於健康的狀態，即便他們身體的感覺與此相反。沒多久，這些所謂的「不治之症」就完全消失無蹤了。

　　你對「你們說**我是誰**？」這個問題的答案，決定了你的外在表達。只要你仍然意識到受到禁錮與束縛、深受疾病與貧窮之苦，就會繼續將這些情況對外投射並顯化出來。

　　當一個人意識到現在的他就是自己所追求的狀態，並開始如是宣稱，那麼將會出現證據來支持這樣的主張。其線索會透過文字語言來提供給你。「你們找誰？」他們回答：「耶穌。」然後那個聲音說：「我就是。」（《約翰福音》18:4-5）在這裡，「耶穌」意味著救贖或救世主，你正尋求

從那些問題（但它們不是你的問題）中被拯救出來。

「我就是……」將會拯救你：如果你很餓，你的救世主就是食物；如果你很窮，你的救世主就是財富；如果你被囚禁，你的救世主就是自由；如果你病了，你的救世主不會是一個叫耶穌的人，而是健康。因此，當你宣稱「我就是」，也就是在聲明你自己成為你所渴望之物。以意識而不是言語來做出聲明，它將會回應你的這項主張。《聖經》說：「要叫他們尋求神，或者可以揣摩而得。」（《使徒行傳》17:27）在意識中「揣摩」那項特質，直到你可以「揣摩」或感覺你已成為它。當你沉浸在成為它的感覺之中，該特質就會在你的世界中具體顯化出來。

當你觸及一個問題的解決方法時，就會從這個問題中得到療癒。「總有人摸我，因為我覺得有能力從我身上出去了。」（《路加福音》8:46）沒錯，當你觸及到你內心的這個存在，「揣摩」或感覺到自己被療癒了，能力就會從你自己身上出去，並在你的世界中鞏固療癒的功效。

所以說，「你們信神，也當信我。」因為我就是祂。要對神有信心，「祂本有神的形象，不以自己與神同等為強奪的，反倒虛己，取了奴僕的形象，成為人的樣式。」（《腓立比書》2:7）去吧，你也該如法炮製。沒錯，開始相信你的覺知，你的存在覺知就是神。去聲明你應該擁有這一切，那

是你在此之前一直賦予外在之神的特質與屬性，你將開始將這些聲明展現出來。

「我不是遠處的神，我比你的手腳更近，比你的呼吸更近。」[5] 我是你的存在覺知，我在其中所覺知到的一切存在，皆始於此、終於此。「還沒有世界，就有了我；世界終必停止，仍然有我；還沒有亞伯拉罕，就有了我。」這種「**我是**」意識，就是你的覺知。「若不是耶和華建造房屋，建造的人就枉然勞力。」（《詩篇》127:1）主「耶和華」是你的意識，除非你所尋求的，先在你的意識中構建完成，否則你的尋求也是白費力氣。所有一切，都必須始於並終於意識。

所以，相信自己的人有福了。因為人對神的信念，都是用他對自己的信心來衡量的。你們信神，也當信**我**。

不要信靠他人，因為他人只是反映你的存在，只能帶給你或對你做出那些你先對自己所做的事。

「沒有人奪我的命去，是我自己捨的。」（《約翰福音》10:18）我有力量捨去，也有力量再拿起。

在這個世界上，無論人們發生什麼事，絕非偶然。事情會發生，全都是遵循著精確不變的法則。

---

5 編按：出自英國桂冠詩人丁尼生（Alfred Lord Tennyson）的詩作《高級泛神論》（*The Higher Pantheism*）。

「若不是差我來的父吸引人，就沒有能到我這裡來的」（《約翰福音》6:44）以及「我與父原為一」，相信這個真理，你將得到自由。人總是為自己的處境而責怪他人，並且會一直這麼做，直到他發現自己才是一切的原因。「**我是**」不是來摧毀，而是來實現的；它是你之內的覺知，並未摧毀一絲一毫，反而是不斷實現一個人對自我的塑造或看法。

對一個窮人來說，要在這個世界找到財富是不可能的，不管他的身邊有多少財富；一直要等到他的意識開始聲明自己是富有的，他才可能變得富裕。有形的跡象永遠不會提前出現，它們總是隨後才會到來。不斷試圖克服並抱怨貧窮，卻一邊維持著貧窮的意識，就像是在玩愚人遊戲一樣。對於這種層次的意識來說，改變是不可能發生的，因為生命會不斷地在各個意識層次對外投射。

效法《聖經》中浪子回頭的例子，要意識到是你自己造成這種浪費與匱乏的情況，也是你自己可以決定是否把意識提升至更高的層次，在那裡，肥牛犢、戒指、上好的袍子都在等著你大聲宣告你擁有它們。

當浪子有勇氣聲稱這些遺贈是他的，他沒有受到任何譴責。只有當我們繼續為自己的所作所為自責時，別人才會譴責我們。因此，「人在自己以為可行的事上能不自責，就有福了。」（《羅馬書》14:22）因為對生命而言，沒有一件事

是需要被譴責的，所有一切都只是在表達而已。

生命並不在乎你認為自己是窮或富、是強或弱，它永遠只以你所聲明的真實自己來回報你。

只有人才有是非對錯的評量，對生命來說，沒有所謂的對錯之分。正如保羅在致羅馬人的書信中所說：「我憑著主耶穌確知深信，凡物本來沒有不潔淨的，唯獨人以為不潔淨的，在他就不潔淨了。」（《羅馬書》14:4）不要再問自己是否值得去獲得你所渴望的事物，生而為人，不是你去創造出這樣或那樣的渴望。你當下聲明自己是什麼樣的人，相對應的渴望就會在你的內心形成。

一個人餓肚子時，他會不假思索地渴求食物；被監禁時，會自然而然地渴求自由，以此類推。你的渴望早就包含在自我表達的計畫中了。

因此，你現在可以拋開所有的價值判斷，將意識提升至你所渴望的層次，並透過聲明這樣的渴望來與它合而為一。因為，「我的恩典夠你用的，因為我的能力是在人的軟弱上顯得完全。」（《哥林多後書》12:9）

要相信這個無形的聲明，直到它在你內心自然而然生成信念。你對這個聲明所堅持的信念，將會獲得巨大回報。不用多久，你所渴望的事物就會出現。相反的，倘若缺乏信心，你想要的任何事物都不可能顯現出來。有了信心，世界

才能建構起來，因為「信就是所望之事的實底，是未見之事的確據。」(《希伯來書》11:1)

別為結果感到焦慮或擔憂，它們終將到來，就像黑夜會尾隨白晝而至。

將你所有的渴望視為神的話語，每個字都是承諾。我們大多數人之所以無法實現渴望，就在於我們往往以某些條件來限制它們。不要限制你的渴望，當它在你心中生起時，接受它、感謝它，直到你的感激之情已經滿溢到就像渴望已經實現一樣。然後，平靜地去做你該做的事。

全心接受你的渴望，就像是把可育性的種子撒進準備好的土壤中。因為，當你把渴望種進意識之中，並相信它會出現時，你就做好了你被期待去完成的所有工作。但是，如果你擔憂自己的渴望將會「如何」萌芽成長，就等於是把這些種子牢牢抓在心裡，你永遠都不可能將它們撒出去，讓它們掉落在信心的土壤中。

人們之所以會把他們的渴望加上很多限制，是因為他們往往根據表象來判斷，並把這些事物視之為真，而忘了唯一的現實是這些事物背後的意識。

把這些事物視之為真，就是在否定對神來說凡事都有可能的事實。一個被囚禁的人，把周遭的高牆視為真實的存在，自然就否定了他內在的神對於自由的渴望或應許。

當我們做出這樣的陳述時，往往會被問到一個問題：「如果一個人的渴望是神的恩賜，那麼，如果有人渴望去殺死另一個人，你要怎麼解釋這樣的渴望是好的，是神所賜的禮物呢？」在回答這個問題時，容我說明，沒有任何人會渴望去殺死另一個人，他所渴望的，是從這樣的想法解脫出來。但因為他不相信「從這樣的想法解脫出來」的渴望本身就包含了自由的力量，因此他限制住了這種渴望，而把摧毀另一個人的生命當成是表達自由的唯一方法，卻忘了渴望所包覆的生命自有其運作之道──那是他身為人所無從得知及發現的。人類就是這樣，由於缺乏信心而扭曲了神的恩賜。

一個人只要擁有微小得像芥菜種子一樣的信心，那他的問題就會跟《聖經》提到的那座山一樣，可以被移去。人們要解決問題，就要像那位老婦人一樣，去上禮拜並傾聽牧師布道：「你們若有信心像一粒芥菜種，就是對這座山說：『你從這邊挪到那邊！』它也必挪去；並且你們沒有一件不能做的事了。」（《馬太福音》17:20）

那天晚上，當她祈禱時，她引用了這部分的經文，並帶著她所認為的信心就寢。第二天早晨起床時，她衝到窗前叫道：「我就知道，那座山還在那裡。」

因為，這就是人類解決問題的方式，他知道自己仍然會遭遇這些問題。由於生命對任何人都一視同仁，也不會摧毀

任何事物，所以會讓他所意識到的存在繼續活著。

只有當人們的意識改變時，事物才會消失。你可以依照你的意願去否定它，但以下仍是事實：意識是唯一的現實，外在事物只不過反映了你的意識。因此，你所尋求的天堂只能在意識中找到，因為天堂就在你心中。正如上天的旨意永遠行在地上，而如今，你正活在你內心所建立的天堂之中。因為在這個世界，你的天堂得以自行彰顯。天國確實近了，「現在」就是接受的時候。創造一個新的天堂，進入一種新的意識狀態，一個新的世界也將隨之出現。

「看哪！我造新天新地；從前的事不再被紀念，也不再追想。」（《以賽亞書》65:17）「我（你的意識）必快來，賞罰在我。」（《啟示錄》22:12）

我是無名的，但我將採用你稱呼我的每個名字（本質）。切記，我所說的「我」就是你自己。因此，你對自己的每個看法，或是你對自己的每個深刻信念，正是你應該表現出來的存在──因為，**我是**不會被愚弄的；神是輕慢不得的。

現在，讓我指導你打魚的藝術。據記載，門徒打了一整夜的魚，卻一無所獲，接著耶穌來了，告訴他們把網再一次撒在片刻之前還是貧瘠的同一片水域中。這次，他們網到了許多魚。

這個故事正發生在今天的世界，發生在身為讀者的你之

內，因為你內在擁有打魚所有的必要條件，但是你跟那些門徒一樣，在人類的暗夜中打魚，直到你發現耶穌基督（你的覺知）是主。也就是說，你千方百計要捕獲到某些「事物」，認為它們是真實的，並且使用人類慣用的誘餌（奮鬥與努力），試圖與這樣或那樣的事物取得聯繫，亦即設法迫使這樣或那樣的存在出現，但是這些努力完全是白費力氣。當你發現你的存在覺知就是耶穌基督時，你會讓他指導你去打魚，你會以意識去捕獲你所渴望的事物。因為你的渴望就是你將要捕獲的魚，而你的意識則是你在意識深水中唯一活生生的現實。

如果你想捕捉的事物超出了你現有的能力，你就必須下潛到更深的意識水域中，因為你所渴望捕獲的魚或渴望，都無法悠游在你目前的意識中。為了潛入更深的水域，你必須把目前所有的問題或限制都拋開，將注意力轉移開來，完全不去理會你現在遭遇到的所有問題與限制。

對自己說**我是、我是、我是**，停駐在這種存在覺知上；不斷對自己重申，你就是那樣的存在覺知。不要限制這樣的聲明，只要繼續去**感覺**自己的存在。你將會發現自己在無意中滑脫出那個錨，而這個錨將你牢牢繫在眼前的問題淺灘上，現在你已擺脫它，並潛往更深處水域。

這種轉變，通常會伴隨著擴展的感受。你會**感覺**到自己

在擴展，就像你真的在長大一樣。別害怕，因為勇氣是必要的。你不會因以前的限制而死去，反而是那些限制會因你將注意力從它們身上移開而消失；因為它們只能存活在你的意識中。在深沉、擴展的意識中，你會發現自己成為一股你從未夢想過的力量。

在你離開充滿限制的海岸之前，你會發現，你所渴望的事物就是你將會在深水中捕獲的魚。由於你已經丟棄了關於問題與種種阻礙的所有意識，因此現在去**感覺**你自己與所渴望的事物合而為一，就成了世界上最容易做到的事了。

因為**我是**（你的意識）就是復活與生命，如果你要讓所渴望的事物出現並存在於你的世界之中，就必須把你所擁有的復活力量加諸在它們身上。現在，藉著去感覺「我是富裕的」、「我是自由的」、「我是強大的」，開始呈現出你所渴望之物的本質。當這些**感覺**固著在你之內，那無形無相的存在就會把你所感受到的事物呈現在自己身上。於是，就像釘在十字架上一樣，你會逐漸被「釘牢」在富裕、自由及強大等感受中。讓這些信念在靜默中深埋，然後就像黑夜裡的竊賊，在你完全沒有預料到的時候，這些特質會以活生生的實相在你的世界復活。

世界將觸及到你並看見你的血肉之軀，因為你將開始結出你所期望的這些新特性與新本質的纍纍果實。這是關於生

命顯化的成功捕魚之道。

　　但以理（Daniel）被丟進獅子坑的故事[6]，也告訴我們如何成功地體現渴望的事物。根據記載，但以理待在獅子坑時，背對著獅子並看著上方的光，於是獅子變得疲軟無力，但以理對神的信心救了他。

　　這也是你的故事，你也必須像但以理那樣做。如果你發現自己身陷獅子坑一樣的險境，你往往只會擔憂獅子，別無他念。除了你的問題（獅子）之外，你不會想到世界上任何一件事。

　　但是，這個故事告訴你，但以理轉過身背對著獅子，只看著他的光，也就是他的神。我們要效法但以理，儘管被困在貧窮或疾病的坑中，還是要將注意力從債務、疾病或種種問題上移開，只停駐在我們所追尋的目標上。

　　如果在意識中，我們不回頭去看自己的問題，而是繼續抱持著信念，相信自己會成為所追尋的、所渴望的，那麼我們也會發現，困住我們的牢獄終將打開高牆，而我們所追尋的——無論是什麼——都會被實現。

---

6 編按：《但以理書》記載，巴比倫的但以理一天要禱告三次，因為違反了不得禱告的禁令而被丟進獅子坑。過了一夜後，但以理安然無恙，他說神封住了獅子的嘴巴，幫了他。

　　另一個故事，是關於一位寡婦與三滴油。先知問寡婦：
「你家裡有什麼？」寡婦回答：「三滴油。」於是他對寡婦
說：「你去借器皿，回到家裡，關上門，將油倒在所有的器
皿裡。」於是她把這三滴油倒入所有借來的器皿中，用家裡
剩下的三滴油把所有器皿都裝滿了。

　　各位讀者，你們就是這位寡婦。你沒有一位可以讓你孕
育成果或讓你豐饒多產的丈夫，因為「寡婦」是一種無法生
育的貧瘠狀態。現在，你的覺知就是主，或說就是那成為你
丈夫的先知。

　　在寡婦與油的故事中，她認可的不是虛無，而是那三滴
油。接著，先知對她下達的指令是「回到家裡，關上門」。
也就是說，關上告知你貧瘠狀態的感官之門，不再去看空空
的器皿、債務及其他問題。

　　你把注意力完全從感官的證據中移開，開始去**感覺**那種
已經獲得渴望之物的喜悅（以油為象徵）。當你在內心達成
協議時，所有的疑慮與恐懼都會消失；接著，你也將填滿你
生命中所有器皿，讓富足滿溢出來。

　　認可是召喚世界的力量，你曾經認可的所有狀態都已經
體現了。今日，你所認為的真實自我，就是你正在經歷的。
因此成為那個寡婦並認可內心的喜悅，不管這樣的認可一開
始有多麼微小，你終將得到慷慨的回報──因為，這個世界

是一面放大鏡，會放大你意識到的所有存在。

　　「我是耶和華你的神，曾將你從埃及地為奴之家領出來；除了我以外，你不可有別的神。」（《出埃及地》20:2）你的覺知就是耶和華你的神，這是多麼發光發亮的一個啟示！來吧，從受困的夢中醒來，意識到這個世界是你的，「因為地和地上所充滿的，都屬於主。」（《詩篇》24:1）

　　你是如此執迷於「你是人」的信念，忘記你是多麼榮耀的存在。現在，以你恢復的記憶去「下指令」，讓尚未得見的事物出現，它「該當」出現；因為萬物都不得不回應「神的聲音」（Voice of God），那是你的存在覺知。這個世界，正等著「聽從你的指令」！

第 2 章

所有人的自由
《聖經》的實際應用

內維爾的顛峰之作，*1942* 年

《所有人的自由》（*Freedom For All*）於一九四二年問
世，全書都在推崇他一貫堅持的最高理想。在世界陷入
戰爭與混亂之際，美國人民的權利依舊沒有得到該有的
重視；美國是內維爾的第二祖國，於是這位神祕主義者
吹奏起響徹雲霄的號角聲，為人類的尊嚴、可能性及所
有與生俱來的力量高聲呼籲。

——米奇·霍羅威茨

前言

　　一個在實踐中無法發揮作用的理論，大眾輿論是不可能一直容忍的。或許比以往任何時候，人們現在更需要證明真偽，即便是自己的最高理想也不例外。為了得到真正的滿足，人們必須找到一個可以安身立命的生活原則，一個讓他們可以去真實體驗的原則。

　　我相信，我已經在最偉大的一部神聖著作《聖經》中，發現了這樣的原則。從我個人的神祕啟示出發，這本書揭示了深藏於舊約與新約故事中的真理。

　　簡言之，本書指出意識是唯一的現實，意識是因，而顯化是果。本書不斷提醒讀者注意此一事實，讓讀者能把重要的事放在首位。要讓事情出現轉機、生命有不同走向，改變意識是必要的基礎，本書也提供了十多種改變意識的不同方法。

　　這是一個切實可行、深具建設性的原則。如果運用得當，它所帶來的啟示將使你自由。

1. 神的一體性（oneness）

> 「以色列啊，你要聽！耶和華我們神是獨一的主。」
>
> ——《申命記》6:4

以色列啊，你要聽！人啊，你要聽！你由神的本體所造：你與神本為一體、不可分割！人、世界以及其中的所有一切，都是無條件本體（神）的有條件狀態，你就是這個本體，你是條件被限制為人的神。你相信神會成為的所有一切，那就是你。但你永遠不知道這是真的，直到你停止聲稱那是另一個人，並認識到那貌似真實的另一個人就是自己。神與人、心靈與物質、無形與有形、造物主與造物、因與果、你的父與你，本為一體。所有的條件狀態都在其中存活、移動，它就是你的「我是」，也就是你的無條件意識。

無條件的意識即為神，那個唯一且僅有的實相。無條件的意識，意味著一種覺知感，這是一種認識到「**我是**」不同於「我是誰」的覺知；這也是一種存在意識，全然不同於我所意識到的存在。「**我是**」覺知到身為人的一種存在，但我不需要身為人，才能覺知到存在。在我覺知到身為某人之前，我（一種無條件的意識）就已經覺知到存在，這種覺知

不需要依賴我成為某人才能存在。「**我是**」是一種自我存在、一種無條件的意識。我覺知到成為某人，而且除了我現在覺知到的這個人以外，我將會覺知到成為另一個人。但不管我是無條件的無形無相或是有條件的有形有相，「**我是**」都是一股永遠覺知到存在的想像力量。

在有條件的狀態下，我（人）或許會忘記我是誰、在哪裡，但不會忘記「**我是**」。對於「**我是**」這個存在覺知的認知，就是它是唯一的實相。這種無條件的意識，即是「**我是**」，它知曉一切有條件狀態（亦即我對自己的看法）的開始與結束，但在所有已知事物都不復存在時，這個實相仍然保有未知的存在本體。我過去所相信的一切，現在所相信的一切，以及未來所相信的一切，都只是在試著了解自己——一個尚未界定的未知實相。這個未知的存在本體（或無條件的意識），才是我的真實存在以及唯一的實相。「**我是**」這個無條件的實相，會因為「我相信自己會成為什麼」而受到制約，也會因為信仰而成為受到限制的信徒，或是被已知所界定的知者。我的有條件意識，讓這個世界得以具體呈現。我所感受並相信的真實自我，投射在空間中成為我現在的世界。這個世界是我映射出去的自己，見證了我所賴以生存的意識狀態。

發生在我身上的事或是我的處境，都不是偶然的；我的

幸與不幸，始作俑者也不是注定的命運。對意識法則來說，除非能夠反映出意識本身的狀態，否則無辜或有罪只不過是沒有意義的空話而已。

* * *

罪惡感的意識會帶來自我譴責，而匱乏的意識則會產生貧窮。人總是不斷地將自己的意識狀態客觀化，但有時在解釋因果法則時，卻會莫名地感到困惑，忘了內在狀態才是外在表現的因，也就是所謂的「存乎中，形於外」。由於遺忘，我們相信一個外在的神有祂自己獨特的行事理由，是凡人所不能理解的。或者，我們相信人之所以會受苦，是因為意識心忘記過去的錯誤。又或者，那個誤打誤撞的機會再一次地扮演了上帝的角色。

總有一天，人們終將了解自己的「**我是**」意識，就是他們長久以來一直在尋找的神；而他們自己的覺知（存在意識），正是唯一的現實。

人很難真正理解自己的「**我是**」就是神，這是他真實的存在狀態，也是他可以確定的唯一狀態，而兒子（他對自己的看法）則是一種幻覺。他一直都知道，他是在試圖自我定義時所製造出來的假象。

這個發現揭示了一個事實：我對神的所有認知，只有兩

個字「**我是**」。耶穌說：「復活在我，生命也在我。」這是
關於意識的一個真相，因為我的意識重新被喚醒或變得更為
鮮明，我成了一種存在意識。「我實實在在地告訴你們，我
就是門⋯⋯凡在我以前來的都是賊，是強盜。」（《約翰福
音》10:8）這指出我的意識是進入這個表達世界的唯一入
口，而透過假設一種意識狀態，或假設渴望已成真，是我可
以成為它或擁有它的唯一方式。除了這種存在意識或擁有它
之外，任何試圖表達這種理想狀態的方式，都是在盜取表達
及擁有的喜悅。

　　「我是開始，也是結束」，揭示了意識是所有表達的生
與死之因，「那自有的派我到這裡來」，意味著意識是派我
來到這世界的主，並以我所意識到的形象與模樣，生活在一
個由我所意識到的一切所組成的世界。「**我是**耶和華，除我
以外，再沒有神。」（《以賽亞書》45:5）聲明我的意識是
唯一的主，除了我的意識以外，再沒有真神。「你們要靜下
心來，要知道我是神」，意思是我應該靜下心來，知道我的
意識就是神。「不可妄稱耶和華——你神的名」、「我是耶
和華，這是我的名」，現在你已經發現了你的「**我是**」，也
就是你成為神的意識。凡對神來說是不真實的東西，對你來
說也不會是真實的，因為在你定義自己時，你也在定義神。
你的存在意識，被你命名為神。神與人本為一體，你與你的

父原為一體；你的無條件意識（即「**我是**」）與你的存在意
識是一體；構想者與構想也是一體。如果你對自己的看法不
如你對神的真實主張，你就是在奪取神的東西，因為你是天
父或孕育者的見證者。別褻瀆神（「**我是**」）的名字，因為
你不會被判無罪；你必須表達你聲明為真的所有一切，透過
有意識的方式，以你的最高理想來定義你自己，說出神的名。

2. 以神之名

　　意識是唯一的現實，這句話說再多遍都不為過，因為這是使人自由的真理，也是整個《聖經》文學賴以建立的基礎。所有的《聖經》故事都是以東方的象徵主義寫成的神祕啟示，直觀地揭示了創造的祕密與逃脫現實的公式。人類試圖用文字來表達創造的原因與方式，於是《聖經》問世了。人類也發現，他們的意識是形成他們世界的原因，也就是說意識是創造者，因此他們開始以一系列的象徵故事（亦即我們所知的《聖經》故事）來說明何謂創造。

　　要了解這本偉大的書，你需要一點智慧與高度直覺；也就是，足以讓你閱讀這本書的智力，以及足以詮釋並理解內容的直覺。你或許會問，為何《聖經》要以象徵手法來寫？為什麼不用一種清楚、簡單的風格來撰寫，讓所有閱讀者都能夠充分理解呢？關於這些問題，我的回答是：每個人都會選用象徵手法來描寫跟自己的世界截然不同的另一個世界。西方的語言對西方人來說一清二楚，但對東方人來說卻充滿了象徵意義，反之亦然。「倘若你一隻手叫你跌倒，就把它砍下來。」（《馬太福音》18:8）在東方文化中，也可以找

到像這樣的例子。這裡提到的手不是指身體的手，而是一種表現形式。他在告誡你。要遠離你的世界中那種令人不快的表現。同樣的，當西方人說：「這間銀行瀕臨破產。」（This bank is on the rocks）通常會在無意中誤導東方人，因為岩石對東方人來說是信心與安全的象徵，完全與破產扯不上任何關係。「好比一個聰明人，把房子蓋在磐石上。雨淋、水沖、風吹、撞著那房子，房子總不倒塌，因為根基立在磐石上。」（《馬太福音》7:25）

要真正了解《聖經》的訊息，你必須謹記在心的是，《聖經》是用東方人的腦袋寫成的，因此我們不能以西方角度來解釋它的字面意思。在生物學上，東西方的差別不大，愛與恨、飢與渴、野心與欲望都是一樣的，但表現手法卻大不相同。

如果你想解開《聖經》的祕密，必須發現的第一件事，就是造物主那個象徵性名字（也就是眾所周知的耶和華）的含意。耶和華（Jehovah）這個字由四組希伯來字母所組成：JOD、HE、VAU、HE，而創造的祕密就隱藏在這個名字之內。第一組字母 JOD 代表絕對狀態或無條件的意識、未定義的意識，以及包容萬物或所有意識狀態。以今日用語來說，JOD 即為「**我是**」或無條件意識。

第二組字母 HE 代表獨生子、渴望、假想狀態，用以象

徵一個想法、定義明確的主觀狀態或明確的心像。

第三組字母 VAU 象徵了統一或加入構思者（JOD）、渴望形成概念的意識（HE）、渴望的狀態，以便讓構思者與概念合而為一。VAU 的作用是確定一種心理狀態，有意識地將自己定義為所期待的狀態，把「你現在就是你所想像或醞釀的目標」的這個事實深深印在腦海裡，這就是 VAU 的作用，它把渴望的意識與渴望的東西連接或「釘」在一起；藉由去**感受**尚未成真的客觀現實，連結的過程將會被主觀地完成。

第四組字母 HE 代表了主觀與客觀達成一致。因此，JOD HE VAU 以自身的形象及模樣，造就出人或外顯世界（HE）來符合其主觀的意識狀態。最後 HE 的作用，就是客觀地見證了 JOD HE VAU 的主觀狀態。有條件的意識不斷將自己具體化為客觀現實，投射於空間的螢幕上；這個世界是由意識創造出來的，反映的正是主觀意識狀態的形象與模樣。可見世界本身什麼也做不了，只能被動地記錄它的創造者，也就是主觀的狀態。可見的聖子（HE）見證了不可見的聖父、聖子及聖母，也就是 JOD HE VAU——聖三位一體。聖三位一體只有在成為可見的人或顯化時，才能被看見。

你的無條件意識（JOD）就是你的「**我是**」，它將某種渴望的狀態（HE）觀想或想像出來，然後藉著感受並相信

它會成為你所想像的狀態，而成為一種存在意識。渴望的你以及你所渴望的東西，兩者之間有意識的結合，會透過 VAU 或你能感受及相信的能力而成為可能。所謂的相信，就是活在某種感覺之中，而這種感覺實際上是一種想像的狀態——假設自己正處於渴望被滿足的意識狀態之中，而且所有感受就像生活在某種想像的真實狀態之中。以 JOD HE VAU 作為象徵的主觀狀態，接著會將自己具象化為 HE，從而圓滿了造物主 JOD HE VAU HE（耶和華）的姓名與本質。JOD 是變得有意識，HE 是意識到某件事，VAU 則是意識到你是唯一的覺知。第二個 HE 是一個肉眼可見的具體化世界，是以 JOD HE VAU 的形象或你我所意識到的存在創造出來的。

「神說，我們要照著我們的形象，按著我們的樣式造人。」（《創世記》1:26）讓我們（JOD HE VAU）以我們的形象（主觀狀態的形象）創造出客觀的顯化（HE），世界就是主觀意識狀態的具象化。意識是唯一的現實，這樣的理解是《聖經》的基礎；《聖經》的故事試圖用象徵性語言來揭示創造的祕密，並讓世人知道如何從自己所創造的世界逃脫。這是耶和華一名的真義，萬物都是藉由這個名字被創造出來的，倘若沒有這個名字，就沒有一樣東西可以被創造出來。首先，你有了覺知，然後你逐漸覺知到某個東西；接

著，你對所有意識到的東西變得更有覺知；最後，你具體地
看到了你所意識到的存在。

3. 創造的法則

以一個《聖經》故事為例，來看看先知與作者如何藉由東方的象徵主義來揭示創造的法則。我們都知道諾亞方舟的故事，諾亞被選中在世界被洪水摧毀之後，去創造一個新世界。《聖經》告訴我們，諾亞有三個兒子，分別是長子閃（Shem）、次子含（Ham）及三子雅弗（Japheth）。Shem的意思是名字，Ham 的意思是深色、溫暖、有活力，而 Japheth 的意思是擴展。你可以觀察到諾亞及他的三個兒子閃、含、雅弗，就如同 JOD HE VAU HE（耶和華）的神名一樣，都包含了相同的創造公式。諾亞是父親，是孕育者，也是新世界的創造者，相當於 JOD 或「**我是**」的無條件意識。閃是你的渴望，是你所意識到並定義為目標的東西，相當於耶和華神名的第二組字母 HE。含是一種溫暖且有活力的感受，它將渴望的意識及渴望的事物連結在一起，因此相當於神名的第三組字母 VAU。諾亞最小的兒子是雅弗，意思是擴展，見證主觀狀態的擴展或具象化的狀態，相當於神名的最後一組字母 HE。

你是諾亞，是知曉者，也是創造者。你首先得到的是一

個想法、一股衝動、一種渴望、一個字詞，或說你的第一個兒子閃（名字）。你的第二個兒子含（溫暖、有活力）是感受的祕密，你可以藉著感受與主觀的渴望結合在一起，使得你逐漸意識到渴望之物的存在或擁有它。你的第三個兒子雅弗是一種延展或具象化的狀態，見證了你所處的無形或主觀的狀態。

在諾亞的故事中，含看到了父親的祕密，而被迫去服侍他的兄弟閃與雅弗。含（或說感受）是父親（你的「**我是**」）的祕密，因為渴望的意識就是透過感受才能與渴望的事物結合；唯有透過感受，這種有意識的合併或神祕的結合才能發生。感受使得神聖的父與子、諾亞與閃、無條件的意識與有條件的意識能夠合而為一；藉由執行這項服務，感受自然而然地為雅弗（擴展或表達的狀態）服務，因為除非先有主觀印象，否則就不會有任何具體化的客觀表達。為了感受渴望之物的存在，並讓自己留下深刻印象以便主觀地去實現某種狀態，這種明確的意識狀態正是創造的祕密。雅弗就是你當下具象化的客觀世界，而他因為含才得以被看見；因此含服侍他的兄弟閃與雅弗，如果沒有了含所象徵的感受，想法或渴望（閃）就無法具體化為可見的事物（雅弗）。

感受肉眼不可見的事物，以及透過感受讓一種明確的主觀狀態變得真實，這種能力正是創造的祕密。這個祕密能讓

語言文字或無形的渴望變得具體可見，變得有血有肉。「使無變為有的神」，意識召喚那些尚未得見的事物，使無變為有。首先，把渴望之物定義清楚，然後保持在這種明確的狀態下，直到不可見變成可見。根據諾亞的故事，這就是創造法則的完美運作。就在你意識到存在的那一刻，這種存在覺知（知道自己是誰）就是諾亞，就是創造者。

現在，按照諾亞的故事來建立你自己的存在意識，明確說出你想擁有或表達什麼；設定好你的目標（閃），然後帶著明確的渴望，閉上眼睛並感受你已經擁有它或正在讓它變成事實。不要質疑要如何才能達到目標或讓所求成真，只要去體驗你已經擁有它的那種感覺。你要假設已經擁有了它，你的心態要真實到就像這個目標已經達成一樣。感受是創造的祕密，你要跟含一樣明智地去發掘出這個祕密，讓你也可以快樂地服侍自己的兄弟閃與雅弗，享有「道成肉身」的創造之樂。

4. 感受的祕密

感受的祕密，或者說讓不可見的東西變成可見，在以撒為次子雅各祝福的故事中被完美描述。故事中，以撒僅依靠感覺就相信了他是在祝福第一個兒子以掃。年老又看不見的以撒覺得自己將不久於人世，希望能在死前祝福他的大兒子以掃，於是他叫以掃去打獵，做成美味的野味，並答應以掃在打獵回來時給予祝福。

這時，渴望藉由父親的祝福而得到長子繼承權的雅各，無意間聽到了父親要求以掃去獵取野味及對以掃的承諾；因此，當以掃外出打獵時，雅各從父親的羊群中捉來一隻羊羔，殺了牠並把毛皮穿在自己皮膚光滑的身上，好偽裝成他的兄弟以掃那毛茸茸的粗糙肌膚。他把烹煮好的美味羊羔拿給父親享用，而只能憑感覺辨識的盲眼以撒，誤將次子雅各錯認為他的長子以掃，於是便祝福了雅各。等到以掃打獵回來，得知他的兄弟雅各偽裝成他並代替他接受了祝福，於是懇求父親伸張正義。但是，以撒回答：「你兄弟已經用詭計將你的福分奪去了。我已立他為你的主，使他的弟兄都給他作僕人。」（《創世記》27）

　　單從人情世故來看,我們就知道這個故事不能從字面上去理解,必然有某個訊息隱藏在雅各卑劣行為的某處,要傳達給我們!這條埋藏在故事中的隱祕訊息及成功公式,被作者直觀地用以下方式揭示:盲眼的父親以撒就是你的意識、你的存在意識;毛髮濃密的兒子以掃,代表你目前所在的客觀世界——敏銳、粗糙的感覺、當下的時刻、目前的環境、你對自己的看法;簡而言之,就是經由你客觀感官的推論所得知的世界。皮膚光滑的次子雅各,則代表你的渴望或主觀狀態,一個尚未體現的想法,或是一種被察覺並感知到、但尚未被客觀看見的主觀狀態。簡言之,雅各是你定義明確的目標。皮膚光滑的雅各,或者說尋求體現或出生權的主觀狀態,在恰當地得到父親的感受或祝福後就被具象化了;這樣一來,他就取代了那個粗糙、多毛的以掃,也就是取代了先前客觀的實際狀態。因為一個蘿蔔一個坑,兩個東西不能同時占據同一個位置,於是當不可見變成可見時,先前那個可見的狀態就消失了。

　　你的意識形塑了你的世界,你的意識狀態決定了你會活在哪一種世界裡。現在,你對自己的看法被物化或具象化為你的客觀環境,這種狀態以長子以掃作為象徵,你的感覺就像摸上粗糙多毛的皮膚一樣敏銳。相反的,你渴望成為或擁有的,則以次子雅各作為象徵,他是個皮膚光滑的小伙子,

雖然目前還不可見，但可以被主觀地感知並覺察到。如果可以經過適當的碰觸及感受，就可以取代他的哥哥以掃（或說你目前的世界）。

你們要時刻記住一個事實：這兩個兒子的父親以撒（或說狀態）是個盲人，他看不見那個皮膚光滑的兒子雅各，只能去感覺他。透過這種感覺，他確信雅各（主觀的狀態）就是以掃（具象化的客觀現實）。你無法客觀地去看見你的渴望，只能主觀地覺察（感受）它。在經歷渴望的狀態後，你不會在空中摸索。就像以撒一樣，你坐著不動，派你的長子出去打獵，代表把注意力從客觀世界中移開；接著，在長子以掃不在時，你邀請你所渴望的狀態（次子雅各）靠近你，以便讓自己可以感受到。「我兒，你近前來，我摸摸你。」首先，你在目前的環境中意識到它；接著，你把它拉向你，靠得越來越近，直到你在眼前覺察並感受到它，直到它對你來說變得再真實不過。

「若是你們中間有兩個人在地上同心合意地求什麼事，我在天上的父必為他們成全。」（《馬太福音》18:19）以撒與雅各這兩個人透過感受同心合意地求，而這件事又是在地上發生（象徵被具體化為現實），因此所求必得成全。以掃象徵的，是你現在所處的客觀世界，不論你過得愉不愉快；雅各象徵的，是你心中所有的渴望；而以撒則象徵你真正的

自我（閉上眼睛不去關注所在的世界），它正在覺察並感受自己即將擁有渴望的東西或狀態。以撒的祕訣其實很簡單，就是在心理上把容易感知到的感受（你目前的身體狀態）與不可覺察的感受（你想成為的狀態）區分開來。以撒關閉了客觀的感官知覺，好讓不可覺察的感受（主觀狀態）變得更真實或更容易感知。你也可以做到，因為「你若能信，凡事都能」。

光是知道自我表達（使不可見變成可見）的法則還不夠，我們還必須去應用它，而以下就是應用的方法。

第一步：叫你的長子以掃（亦即你目前的客觀世界或是現實）外出打獵。你所要做的，就只是閉上眼睛並將注意力從具體的限制轉移開來。當你將感官從客觀的現實世界移開時，它就會在你的意識中消失（去打獵）。

第二步：閉上眼睛，將注意力從你周遭的世界移開，並且有意識地設定一個自然、逼真的時空，好實現你的渴望。

當你關閉客觀的感官，不再留意目前環境時，可以察覺並感受到時空中任何一點的現實，因為兩者都是在心理運作，可以隨心所欲地被創造出來。在雅各所象徵的狀態中，逼真的時空條件非常重要；也就是說，為了實現你的渴望，一個自然又逼真的時空必須先被固著在你的意識中。如果你想在星期天實現你的願望，那麼現在，星期天就必須在你意

識中固定下來，你要開始去感受現在就是星期天，直到星期天的寧靜感受被有意識地建立起來，並帶給你理所當然的感覺。不論是季節、月份、星期或日期，都跟你有明確的關係，你一次次地說：「今天的感覺就像是星期天（或星期一，或星期六）；或者今天感覺起來像春天、夏天、秋天或冬天。」這會讓你確信，你對於一年中的季節、星期、日期都有明確且有意識的印象。接著，由於這樣的聯想，你可以挑選任何你想要的時間，並調用那些與時間相關的回憶，在當下創造出一種存在於那個時間中的主觀現實。

　　空間也可以如法炮製。如果不想讓你所渴望的事自然發生在現在的房間，你可以自己選定一個地點，然後想像你所期待的事會自然而然地在這裡發生。在你開始覺察並感受到你的願望正在逐漸接近並形成現實之前，先要有意識地去強化這些時空背景。不管你的願望會發生在十萬八千里之處或就在隔壁都不重要，重要的是，你必須把跟那個時空背景相關的資訊都牢牢刻畫在你的意識之中；你不是在進行一場精神上的旅程，而是在塌陷空間。安靜地坐在你所在之處，把「那個地方」變成「這個地方」。閉上眼睛，感受你人就在你想選定的那個地方，感受並覺察這個現實，直到你有意識地對這個事實留下深刻的印象，因為你對這個事實的認知，完全基於你的主觀感受。

第三步：在沒有以掃（問題）的情況下，而且你也已經建立好了時空條件，你就可邀請雅各（解決方案）進入來填補這個空缺，也就是取代他的哥哥。你在想像中看見了渴望的事物，如果你無法把它想像得很具體，可以感受一下它大致的輪廓與外形，然後在想像中把它不斷拉近。「我兒，你近前來，我摸摸你。」感受它慢慢靠近，感受它就在你眼前，感受它是如此現實，感受它、看見它自然而然地出現在你所在的房間內，最後好好體驗願望已成真的那種興奮、激動及喜悅。

現在，睜開眼睛，回到這個客觀的現實世界。你那個毛髮濃密的兒子以掃打獵回來了，他的出現讓你知道，你被那個皮膚光滑的兒子雅各（代表主觀的心理感受）騙了。但是就像以撒一樣，你也可以說：「我已立他為你的主，使他的弟兄都給他做僕人。」也就是說，即使你的問題看起來很真實、很確定，你還是可以讓主觀的心理狀態感覺起來就像真的一樣，甚至還可以感受到它帶給你的激動及興奮情緒。這時的你已經體驗到了創造的祕密，因為在你的感受中，你的主觀意識已經成為現實了。

不管有多少反對與先例，只要你堅守著一個明確的心理狀態，它都會變成一個客觀的事實，從而滿足雅各的渴望，讓自己取而代之。

以下我們就來套用這個方法，做幾個實際的練習。

第一步：祝福某件事成真。坐在客廳，想想看你想要為這個房間添置哪樣東西？家具、地毯或桌燈？把它說出來。接著，想想你要把它放在房間的哪個地方。閉上眼睛，運用想像力，先把那個地方的現有東西清空。接著，開始把你想添置的那件家具擺上去，察覺它在這個空間中的樣子，體驗你有什麼感覺，並想像你正在看著那件你所渴望擁有的家具，繼續保持這樣的意識狀態，直到你確實能感受到擁有這件家具的興奮情緒。

第二步：祝福某個地方成真。你人在紐約市的公寓中，正在想著如果可以搭上一艘橫越大西洋的遠洋客輪，會有多快樂。「我若去為你們預備了地方，就必再來接你們到我那裡去，我在那裡，叫你們也在那裡。」（《約翰福音》14:3）你閉上眼睛，有意識地讓這座紐約公寓消失，並在原來的地方設想出一艘遠洋客輪，而你正在客輪上。想像你躺在甲板的躺椅上，周遭除了廣闊的大西洋，別無一物。把真實世界這艘船的模樣與大西洋都深深印在你的意識中，好讓你能不斷在腦海中回想起這一天──你坐在紐約公寓中，夢想著搭郵輪出海。如果你能夠在不自覺的情況下，隨時都能成功地回想起這一天，那麼你就已經準備好要展開這趟駛往現實世界的航程了。保持在這種有意識的狀態下，感受船與

海洋的真實感，感受夢想成真的喜悅——然後睜開眼睛。你已經為這趟旅程做好準備，堅守著這種明確的心理狀態；在你的意識中，你人已經在那裡，而且你的身體也真切地感受到你就置身在其中。

第三步：祝福某個時間點成真。有意識地放下對於當下這個時間的時間感（視情況，可能是這一天、這一個月或這一年），想像現在是你所渴望要去經歷的那個日子、那個月或那一年。把這個想像當成事實，在你的腦海中留下深刻的印象，並仔細去體驗你當下的感受。當你感覺到這個時間是如此理所當然時，你會開始覺得興奮與激動，因為你已充分意識到，在展開這趟心理旅程之前你所渴望經歷的，現在都已經體驗到了。

祝福的力量可以幫你打開任何牢籠，包括疾病的牢籠、貧窮的牢籠或單調無聊的牢籠。「主耶和華的靈在我身上，因為耶和華用膏膏我，叫我傳好信息給謙卑的人，差遣我醫好傷心的人，報告被擄的得釋放，被囚的出監牢。」（《以賽亞書》61）

5. 安息日

「這是耶和華所吩咐的話……六日要作工，第七日乃為
聖日，當向耶和華守為安息聖日。」

——《出埃及記》35:2

　　這六天不是二十四小時的時段，而是象徵著一個確定的
主觀狀態被固定下來的心理時刻。這六天的工作是主觀的經
驗，因此無法以恆星時（sidereal time）來衡量，這是因為
將一個明確的心理狀態固定下來的真正運作是在意識中進行
的。有意識地把自己界定為所渴望成為的樣子，所花的時間
就是以這六天為衡量標準。意識的轉變，就是在這充滿創造
力的六天所完成的；那是一種心理上的調整，不是用恆星時
來衡量，而是以實際的成果來衡量。正如在回顧某人的一生
時，我們要看的不是他活了多久，而是他生前是否活得精
采。衡量心理區間也是如此，不是計算花了多少時間來調
整，而是衡量每個心理區間要花多少時間才能完成。

　　六個工作天（創造）的真正意義在神祕的 VAU 被揭
示；VAU 是希伯來字母表的第六個字母，也是耶和華（JOD
HE VAU HE）神聖之名的第三個字母。正如前面「以神之

名」那篇文中所說明的，VAU 意味著固定或連接，創造者是透過感受把他自己與創造物連接在一起；六個工作天是你創作的時間，也是你用來確定一種明確感受的時間。在心理上，你將自己與客觀的世界分開，並透過感受把自己與主觀的狀態連結在一起，這正是希伯來字母表的第六個字母 VAU 的作用，或者說這是六天之工。

刻板印象——或說主觀狀態——與該狀態的外在表現之間，始終存在著一個區間，這樣的區間被稱為「安息日」，這是一種隨著固定心理狀態而來的精神休養，也是你六天工作的結果。「安息日是為人設立的。」安息日是心智的歇息日，可以看成是心智的孕期，一個專門為了醞釀顯化而設計的時期，是為了顯化而存在，而不是顯化為了它而存在。如果你成功地完成了六天的工作，你就會自然而然地把安息日當成歇息的一天，好讓心智有個喘息的空檔。但是在六個工作天結束之前，在心理上調整完成以及心像充分形成之前，不會有任何的安息日、第七天或心智歇息的時間。

世人被警告，如果他們不遵守安息日，如果無法進入神的安息，就無法得著神的應許，從而無法實現自己的願望。原因很簡單，也很明顯：在形成有意識的印象之前，心智都不得歇息。如果有人無法充分地認識到，他現在已經擁有了自己始終都渴望擁有並深深刻印在腦海裡的東西，他的渴望

將會持續下去。因此，他在精神上就無法處於歇息或滿足的狀態。相反的，如果他可以成功地做好這種意識上的調整，從靜默期或主觀的六天工作走出來，就能透過感覺得知，他已經擁有了渴望的東西，於是就自然而然地進入安息日或精神歇息期，這就像懷孕會隨著受精到來一樣地水到渠成。人不會繼續渴望他已經獲得的東西，只有在真正意識到自己已經進入想要成為的那種存在之後，安息日才能成為休息日。

安息日是六天工作的結果，了解這六個工作天的真正意義，就會意識到，不是把一週的其中一天當成身體歇息的日子，就是奉行安息日。只有在意識上滿足了渴望之後，才能真正體驗安息日的和平與寧靜。如果有人無法在腦海中留下有意識的深刻印象，就犯了「不中標的與錯失正道」的罪，因為沒能達成目標，他的內心就不得平靜。「我若沒有來教訓他們，他們就沒有罪。」（《約翰福音》15:22）如果人不把追求一種理想狀態當成目標，這種無欲無求的狀態會讓他永遠滿足於現狀，永遠不知道自己有罪。

現在，既然他已經知道了自己的能力是無限的，也知道他可以利用六個工作天去實現自己的渴望或完成心理上的調整與修正，那麼在他可以實現每個目標之前，他將不會感到滿足。由於對六個工作天有了真正的了解，他將能確定自己的目標，並開始對這個目標有了意識。一旦他在腦海中留下

有意識的深刻印象後，心智歇息的時間（神祕主義者稱為「安息日」）就會自然地隨之而來，讓有意識的印象得以在此期間孕育並被顯化出來。這就是所謂的「道成肉身」。但是，這還沒結束！當想法被體現後就會打斷安息日，遲早又會有另一次的六天之工來接續。於是，人們會再確定另一個目標，並開始重新定義自己成為所渴望的那種人。

透過渴望這個媒介，人們從沉睡中被喚醒，一直到渴望被滿足才得以歇息；但在進入神的安息或安息日之前，在他可以不畏不懼地心境平和之前，他必須先成為一位優秀的靈性神射手，學會正中標的（或說六天之工）的祕訣。藉由這個祕訣，他捨棄了現有的客觀狀態，同時調整自己去適應主觀狀態。這個祕訣被揭示於耶和華的神聖之名中，並在以撒祝福兒子雅各的故事中被再次強調。如果世人可以運用這些《聖經》故事所揭示的公式，必定每次都能命中靈性靶心。因為只有在他成功地做好心理調整時，才會知道自己走進了心智歇息或安息日之中。

耶穌受難的故事，生動地描述了這六天（心理期）及第七天的休息日。根據記載，猶太人的習俗會在逾越節的宴席上把犯人從監獄釋放出來；他們可以選擇釋放強盜巴拉巴（Barabbas）或救世主耶穌，但他們卻喊道：「釋放巴拉巴！」於是巴拉巴獲釋了，而耶穌被釘死在十字架上。

　　更詳細的記載是，救世主耶穌在第六天被釘上了十字架，在第七天被埋葬，然後又在第一天復活。拿你來比喻，救世主代表拯救你脫離現在的意識狀態，而盜賊巴拉巴則是你現在對自己的看法，他會奪走你的希望，不會讓你的渴望成真。在定義你的救世主時，你是在定義自己會被什麼所拯救，而不是被如何拯救；你的救世主或渴望，擁有你所無法得知也無從發現的方法，每個問題都有它自己的解決方案。如果你被囚禁，你自然會渴望自由；那麼，拯救你的是自由，自由就是你的救世主。

　　為了找到你的救世主，在復活這齣偉大的戲劇中，下一步就是去釋放強盜巴拉巴（代表你現在對自己的看法），並把你的救世主釘在十字架上（代表堅守你的存在意識，或擁有可以拯救你的東西）。巴拉巴代表你目前的問題，而你的救世主會將你從這個問題中拯救出來。首先你要釋放巴拉巴，這表示你要將注意力從問題或感官的限制上轉移開來，因為你的問題會奪走你亟欲尋求的自由。當你感覺到擺脫了過去的限制，你就會更堅守著某種明確的心理狀態，而把你的救世主釘上十字架。你否定感官提供給你的證據，並開始主觀地感受到自由的喜悅。你感受到的自由是如此真實，以至於你大聲喊叫出來：「我自由了！」「成了。」[1]這種主觀狀態的堅定不移（以被釘上十字架來象徵）發生在第六

天；在這一天日落之前，你必須藉由「正是如此」、「成了」的感受讓自己更堅定心志。

　　隨著主觀認知而來的，就是安息日或心智的歇息日。你會像那個被埋葬的人一樣，因為你知道不論障礙有多巨大、高牆似乎難以逾越，被釘上十字架並被埋葬的救世主（代表你目前所堅守的主觀意識）將會自行復活。心智在安息日得到歇息，而顯然地你也表達出了這種自由，於是你將得到耶和華的應許，也就是所謂的道成肉身──你所堅守的主觀意識會將它自己體現出來。「到第七日神就歇了他一切的工。」（《創世記》2:2）你的意識就是神，祂正因為「一切安好」、「成了」的認知而得到歇息。這一天必定會到來，而你客觀的感官將會證實這一點。

---

1 編按：耶穌被釘上十字架後說的最後一句話就是「成了」，然後就斷氣了。

6. 療癒

　　對神祕主義者來說，《利未記》（*Leviticus*）第十四章提到治療痲瘋病的方法，是最有啟發性的。這個方法可以用在積極治療人類世界的各種疾病，不論是身體上的、心理上的、財務上的、社會上的或道德上的。疾病的性質或持續時間都不重要，因為這個方法可以成功地運用於治療所有疾病。

　　以下就是《利未記》提到的處方。「就要吩咐人為那求潔淨的人，拿兩隻潔淨的活鳥來……祭司要吩咐……把一隻鳥宰在上面。至於那隻活鳥，祭司要把牠和香柏木……蘸於宰在活水上的鳥血中，用以在那長大痲瘋求潔淨的人身上灑七次，就定他為潔淨，又把活鳥放在田野裡……用水洗澡，就潔淨了。」按照字面意思來看這個故事，將是愚蠢且徒勞無功的；相反的，如果可以從心理層面去應用這道處方，才是明智且富有成效的做法。

　　在這裡，鳥象徵著一種想法。任何有問題要解決的人，或渴望自己的表現有別於往日的人，都可以說他有兩隻鳥。這兩隻鳥或說兩種看法，可以被定義如下：第一隻鳥是你現在所設想的自己，如果你被要求介紹自己，這是你會給出的

描述：包括你的身體狀況、收入、責任、義務、國籍、家庭及種族等等。你對這些問題的真實答案，必然完全得自於感官提供給你的證據，而不是出自你一廂情願的想法。這是你對自己的真實看法（完全根據感官證據），也就是第一隻鳥。至於第二隻鳥，則要端視你希望對這些自我定義的問題給出什麼樣的答案。簡言之，這兩隻鳥可以分別定義為你所意識到的存在，以及你所渴望成為的存在。

關於這兩隻鳥還有另一種定義：第一隻鳥是你目前的問題，不管它的性質為何；第二隻鳥是解決問題的方法。例如，假如你生病了，良好的健康就是你的解決方案；如果你負債累累，擺脫債務就是你的解決方案；如果你餓了，食物就是你的解決方案。你可能已經注意到了，要如何做到，也就是如何去執行這個解決方案，並不在我們的考慮之內。只有「問題」及「解決方案」，才是我們要考慮的，而且每個問題都必有它的解決之道：對疾病來說，解決之道就是健康；對貧窮來說，是富裕；對軟弱來說，是力量；對限制來說，則是自由。

這兩種狀態（亦即你的問題與解決方法），就是你帶給祭司的兩隻鳥。現在的你，就是演出這齣治癒痲瘋病人大戲的祭司，你是祭司，而你的問題就是罹患痲瘋病的病人。有了治療痲瘋病的處方，身為祭司的你就能從問題中解脫了。

　　首先：拿一隻鳥（你的問題）過來，宰殺後取出牠的血。血代表人的意識。「他從一血脈造出萬族的人，住在全地上。」（《使徒行傳》17:26）你的意識是唯一且僅有的現實，賦予你所意識到的存在生命，使其成真。因此，將你的注意力從問題移開，就等於從這隻鳥兒身上抽取血液。你的意識就是血液，它能使所有狀態都成為活生生的現實。你將注意力從任何已知狀態移開，代表的是你抽出了讓那個狀態得以存活下去所需的血液。你宰殺或消滅第一隻鳥（你的問題）的方法，就是轉移你的注意力；接著，把另一隻活鳥（代表解決方案，或說你所渴望成為或擁有的東西）蘸於死鳥的血液（血代表你的意識）之中。透過感覺，你已經成為自己所渴望的狀態，你做到了這一點。

　　把一隻活鳥蘸於另一隻死鳥的血液中，其象徵意義類似於盲眼的以撒為次子雅各祝福。你或許還記得，盲眼的以撒無法看見他的客觀世界（亦即他的兒子以掃）；你也是如此，你看不見你的問題（第一隻鳥），因為你已經將注意力從它身上轉移開來，所以你看不見它。如今，你把注意力（鳥血）放在第二隻鳥（主觀狀態）身上，並感受到它是如此真實。

　　你被要求在那個求潔淨的人身上灑七次，這意味著你必須駐留在這項對自己的新看法中，直到你在心理上進入了第

七天（安息日），直到你的心智在這樣的信念中，相信你已經把自己的渴望真實地表達出來，或是已經擁有你所渴望的東西。灑第七次時，你被指示要把活鳥放到田野，並宣告那個人已經潔淨了。當你將「我就是自己所渴望成為的人」的這個事實完全刻印在腦海裡，等於你已完成了灑七次的儀式；接著，你就跟那隻被放走的鳥兒一樣，重新獲得自由。就像飛翔在空中的鳥兒不久會飛回地上一樣，你的主觀印象或主張也是如此，不久後就會自行體現在你的世界。

這個故事以及其他所有的《聖經》故事，都是把人類意識做戲劇化的表達與描述。你是大祭司，你是痲瘋病人，你是鳥兒；你的「**我是**」（亦即意識）是大祭司，有問題要解決的人是痲瘋病人；而問題就是那隻被宰殺的鳥，也就是你現在對自己的看法。至於問題的解決方案，是那隻被放到田野的鳥兒，也就是你所渴望的東西。將你的注意力從問題轉移開來，放到你所渴望成真的東西上，你在自己的意識中一再上演這齣偉大的戲劇。你把「我就是自己所渴望成為的人」這個事實深深刻印在腦海裡，直到你的心智根植在這個信念中穩定不動。這樣堅信不移的心態，當你產生了「現在的我就是先前我想成為的人」的意識，那隻在空中飛翔的鳥兒就是你，不再受到過去的限制所束縛，朝著你所渴望的未來飛去。

7. 欲望——神的話語

> 「我口所出的話，也必如此，絕不徒然返回，卻要成就
> 我所喜悅的，在我發他去成就的事上必然亨通。」
>
> ——《以賽亞書》55:11

　　神透過你的基本欲望對你說話；你的基本欲望是承諾的語言與預言，包含了表達的計畫與力量。

　　基本欲望意味著你的真正目標，次要欲望要處理的則是實現的方式。神，或說你的「**我是**」，透過你的基本欲望對你的意識狀態說話。次要欲望是指表達方式，是「**我是**」（全知的父）掌握的祕訣；你的父（亦即「**我是**」）向你揭示開始，也揭示了結束：「我是初，我是終。」但他從未揭示「中間的過程」，也可以說是祂的祕訣。換句話說，「開始」會用言語（你的基本欲望）揭示出來，而「結束」則代表實現——道成了肉身。但是，其中如何展開卻從未對人揭露過，始終是你父一直保留不宣的祕密。

　　「我向一切聽見這書上預言的作見證，若有人在這預言上加添什麼，神必將寫在這書上的災禍加在他身上；這書上的預言，若有人刪去什麼，神必從這書上所寫的生命樹刪去

他的份。」（《啟示錄》22:18-19）

《啟示錄》所說的預言就是你的基本欲望，那是不帶任何附加條件的。人們不斷對這些語詞增增減減，因為他們不明白這些基本欲望中也包含了表達的計畫與力量，於是總是在妥協、折衷及複雜化他們的欲望。以下說明了人們如何對待這些預言，也就是他們的欲望。

人們總是渴望擺脫限制或解決問題。在確定目標之後，他們會做的第一件事就是以其他條件來限制這個目標。他們會開始思考及推測如何達到這個目標，殊不知他所渴望達到的目標自有它的顯現方法，於是他開始擬定計畫去得到它，從而自行增添神的話語。另一方面，如果他對實現自己的渴望沒有任何計畫或設想，就會開始修正這個渴望來對它妥協，他覺得如果可以把基本欲望的標準設得更低，或許他更有機會去實現。但是這麼做的同時，他就是在自行刪減神的話語。不管個人或國家，都在不斷密謀與策畫要如何達到所追求的目標，而違反了實現基本欲望的法則。他們不是自行增添了預言的話語，就是刪減了神的話語，以便與自己的理想妥協。然而，正如神所應允的，死亡與瘟疫、失敗與挫折，就是這類違反行為不可避免的結果。

神只會透過人的基本欲望這個媒介，對人說話。你的欲望是由你對自己的看法來決定，以欲望本身來說，並無善惡

之別。「我憑著主耶穌確知深信，凡物本來沒有不潔淨的，唯獨人以為不潔淨的，在他就不潔淨了。」（《羅馬書》14:14）你的欲望，是你現在對自己的看法所產生的自然結果；神，也就是你的無條件意識，既沒有人我之分，也沒有尊卑之分。透過基本欲望這個媒介，你的無條件意識（神）把你的欲望交託給了有條件的意識（人），因為你的有條件意識（你現在對自己的看法）相信這些基本欲望正是它所需要的。

　　只要保持在目前的意識狀態，你就會繼續渴望你現在渴望的東西。改變對自己的看法，會自然而然地改變你欲望的本質。

　　欲望是一種尋求體現的意識狀態，由人的意識形成，可以輕易地由孕育它們的人表達出來。當孕育出這些欲望的人懷抱著「欲望已經實現」的心態，那麼這些欲望就真的會被體現出來。不論何種性質的欲望都可以在堅持不懈下被體現出來，因此對於那些還不了解眾生本是一體，或是不知道意識就是神、也是唯一的現實等真理的人，有句警語必須引以為戒，那就是《聖經》所說的待人處世的準則：「己所不欲，勿施於人。」

　　你的欲望或許是為了你自己，或許是為了他人。如果你的欲望與他人有關，要確定他人也能接受你所渴望的事物。

這個警告的理由如下：既然你的意識是神，而神是所有禮物的贈予者，那麼你所感受並相信對他人為真的事物，也是你送給他人的禮物。倘若這份禮物不被接受，它會退回到贈予者的身上。因此，務必確保你自己也樂於擁有這份禮物，因為萬一你相信其他人也跟你一樣有同樣的渴望時，但對方並不領情，那麼這份不被接受的禮物將會自行在你的世界中體現。始終傾聽並接納對他人為真的事物，這樣的欲望或渴望才是你應該擁有的。如此一來，你就是建起了地上的天國；「己所不欲，勿施於人」也是建立在這個法則之上。只有全部關係人都能接受的意識狀態，才能不斷地創造出地上的天國。你的天國是由你的意識狀態所界定，並且由你及其他人都能接受為真的所有意識狀態組成。你當前的環境，是由你對自己的看法加上你對他人的信念（有可能尚未被他人所接受）所決定的；因此，你對他人的看法倘若不等同於他人對自己的看法，這將會成為一份回到你身上的禮物。

建議，就像宣傳一樣，除非你發送的對象接受了，否則就會像迴力鏢一樣回到你的身上。因此，你的世界就是你給自己的禮物，而這禮物的性質是由你對自己的看法，加上你被別人退回來的禮物所決定的。這一點不容置疑，因為法則是一體適用的。認識這條自我表達的法則並奉為圭臬，然後你就自由了。以你對這條法則的理解來核定你的欲望，知道

自己確實想要什麼的同時，也確保你的欲望是值得的且可被
接受的。

　　明智又守紀律的人在實現欲望的道路上，看不到任何阻
礙，也沒有必須被摧毀的東西。他堅信不疑的心態會讓他認
清，自己的渴望已經充分被體現了，因為他知道，堅信不疑
的主觀狀態自有無人知道的方法與工具讓願望成真，正如經
文所說的：「他們尚未求告，我就應允」、「我有方法是你
們不知道的」、「我的蹤跡何其難尋」。另一方面，無紀律
的人眼中看到的，往往與實現渴望背道而馳。他的挫敗會形
成毀滅的渴望，而這種渴望會強烈到讓他相信必須在滿足基
本欲望之前先被體現出來。簡言之，當世人發現了唯一意識
的這條法則，就能理解待人處世的偉大智慧，從而奉為人生
的圭臬，向自己證明天國就在地上。

　　你會明白為什麼你應該「己所不欲，勿施於人」，你會
知道為什麼你應該奉行這條黃金法則，因為你會發現這麼做
是常識，也因為這是一條普世通用的自然法則。意識是唯一
的現實，這個世界以及其中的所有一切都是意識具象化的狀
態，你對自己的看法加上你對他人的看法決定了你的世界，
而與別人對他們自己的看法無關。

　　逾越節的故事可以幫你擺脫目前的限制，進入到一個更
好也更自由的狀態。耶穌說「跟著那個拿一瓶水的人」，這

個建議引導門徒去吃逾越節的筵席（最後的晚餐）。拿著一瓶水的人是第十一個門徒 —— 迦南人西門（Simon of Canaan），他是個守紀律的人，只聽得到莊嚴、高貴及善良的講道，他的心靈只看見美好意識狀態下的逾越節筵席，從而體現地上的好。如果你也參與了最後的晚餐——逾越節的盛宴，那就跟隨這個人。「拿著一瓶水的人」所象徵的這種心態，將讓你活在一個真正的地上天國之中。逾越節的筵席，正是改變你意識的祕密，將你的注意力從對自己的看法轉移開來，去意識到你想要成為的那種人，從而由一種狀態轉移到另一種狀態。這項成就是在十二位門徒的幫助下完成的，十二位門徒代表的是心智的十二項自律特質[2]。

2 編按：參見內維爾的《你的信心就是財富》（*Your Faith Is Your Fortune*）。

8. 信心

　　耶穌告訴門徒：「是因為你們的信心小，我實在告訴你們，你們若有信心，像一粒芥菜種，就是對這座山說：『你從這邊挪到那邊』，它也必挪去，並且你們沒有一件不能做的事了。」（《馬太福音》17:20）

　　一粒芥菜種子的信心，證明了是人的絆腳石。因為他一直被教導，一粒芥菜種子代表著非常微小的信心，所以他自然會想知道，為什麼身為一個成熟的人，他會缺少這種微不足道的信心，儘管只要擁有如此少的信心就能確保成功。

　　耶穌說：「信，就是所望之事的實底，是未見之事的確據。」（《希伯來書》11:1）同時，「因著信，就知道諸世界是藉神話造成的，這樣所看見的，並不是從顯然之物造出來的。」（《希伯來書》11:3）無形的東西變得有形。一粒芥菜種子並不是信心的度量單位，而是絕對的信心；一粒芥菜種子意識到它自己是芥菜種子，而且也意識到它是作為芥菜種子的存在，而不是世界上任何其他的種子。它深信自己是一粒芥菜種子的這個信念被封存在芥菜種子之中，宛如精子被封存在子宮中，而意識到它身為人且只會身為人的存

在。一粒芥菜種子的確是信心的度量，它是你完成每項目標必須具備的信心，但就像芥菜種子，你也必須讓自己的意識全心地沉浸於你所渴望的東西之中。你駐留在這種被封存的狀態中，直到你的意識主張破繭而出，被具體顯化出來。信心是一種感覺，讓你就像生活在渴望已被實現的那種意識狀態之中；而信心，也是創造的祕密，是耶和華（JOD HE VAU HE）神聖之名當中的 VAU，是諾亞家族的次子含，同時也是以撒祝福次子雅各並實現其渴望的關鍵。信心，讓神（你的意識）從無變為有，讓不可見的變成可見。

信心，使你意識到你的渴望；信心，把你封存在這種意識狀態中，直到你無形的主張逐漸成熟後破繭而出，成為具體可見的事物。信心或感受，就是借力使力的祕訣所在。透過感受，把你的意識狀態與你所渴望的東西連結了起來。

如果你的渴望已實現，你會有什麼樣的感覺？保持這樣的心情及感受，要不了多久，你就會被封存在信以為真的信念當中；接著，這個無形的意識狀態將毫不費力地讓它自己顯化出來，出現在你的現實世界中。只要擁有一粒芥菜種子的信心，今天你將可藉由感受的神奇力量，把自己封存在渴望成真的意識當中。持續保持在這種如墳墓般凝寂的狀態中，相信自己不用任何人的幫助，就能把石頭推開，因為所有的山、大石及世人，在你眼中都是虛無的。只要你視之為

真，並且沒違背事物的本質，沒有任何人能夠攔住你，或問你說：「你做什麼？」只要你足夠投入，猶如被封存在這種意識狀態中，就沒有人能夠質疑你獲得應有的權利。

當這樣的意識狀態被信心適當地封存起來後，那是神的道，也就是「**我是**」的意識，因為被封存的那個人會說：「我是⋯⋯」神的道（我所堅守的意識狀態）就是靈，絕不突然返回，並成就你派它去成就的事。神的道（你的意識狀態）必會自我體現，就如你所知道的：「我是耶和華⋯⋯除了我以外再沒有神」、「道成了肉身，住在我們中間」，以及「他發命醫治他們，救他們脫離死亡」。

你也可以發出你的指令（那是神的話語）來治療朋友。想想你的朋友會怎麼說？以你對他的了解，他應該會樂於接受。現在，你的渴望在被適當定義之後，你有了神的話語，你要把它發送出去，讓話語成真，你只需要這麼做：坐在你所在之處，安靜傾聽；回想你朋友的聲音，那個熟悉的聲音已建立在你意識之中，想像現在的你確實聽到他的聲音，而他正在告訴你，他已經成為或擁有你想要他成為或擁有的狀態。把這個事實深深刻印在你的意識中：你確實聽到他的聲音，他正在告訴你那些你想要聽到的事，你也真切地感受到了聽到他聲音的激動；然後，全部放下。這就是神祕主義者使用言語的祕訣，發送出去並表達出來（或者說道成了肉

身）。話語出自你的內心，你聽到了想聽的事，然後你傾聽並告訴自己：「請說，耶和華，僕人敬聽。」你的意識就是耶和華，祂藉由朋友熟悉的聲音來說話，把你想要聽到的內容深印在腦海裡。這種「自我孕育」的過程，以及深刻在腦海的印象、內心的話語，都自有它們的表達方法，那是我們不得而知且無法參與的。只要你刻畫的印象夠深刻，就不會被外在現象所動搖；因為這種自我印記會像一粒芥菜種子般被封存起來，將在適當時候成熟並充分表達出來。

9. 天使報喜

　　藉由朋友的聲音來孕育出一種渴望的狀態，被完美地記載於「無玷成胎」（Immaculate Conception）的故事中。根據記載，神派天使去向瑪利亞宣布她的兒子即將出世。天使對她說：「你要懷孕生子。」瑪利亞對天使說：「我沒有出嫁，怎麼有這事呢？」天使回答：「聖靈要臨到你身上，至高者的能力要蔭庇你，因此所要生的聖者必稱為神的兒子。因為出於神的話，沒有一句不帶能力的。」（《路加福音》1:31-37）

　　這個故事在世界各地流傳了數百年，但人們並未被告知，這寫的是他們自己的故事，也因此他們並未從這個故事獲得任何好處。然而，這個故事揭示了想法或言語的力量，也就是道成肉身的方法。《聖經》告訴我們，神在沒有他人幫助之下，先是讓一個想法（祂的兒子）孕育出來。然後，在天使的幫助下，將這個尚在萌芽中的念頭放入瑪利亞的子宮內。天使向瑪利亞宣布了這個消息，並將這個想法灌輸給她。關於意識的「自我孕育」，再也沒有比「無玷成胎」所描述的方法更為簡單的了。

　　在這齣創造大戲中有四個角色，分別是聖父、聖子、瑪利亞及天使。聖父代表你的意識，聖子代表你的渴望，瑪利亞代表你樂於接受的心態，天使代表孕育的方法。然後，這齣戲劇透過以下方式展開。聖父在沒有他人幫助之下，生了一個兒子；你在沒有他人幫助或建議的情況下，釐清你的渴望，確定了你的目標。接著，聖父選擇了那位最符合要求的天使，去向瑪利亞傳達這個訊息或可能性；你要選擇的人，是會在看到你的渴望成真時真心為你感到高興的人。接著，瑪利亞從天使口中得知，她在沒有外力幫助下已經懷了孩子；你抱持一種接受及聆聽的心態，並想像你所選擇的那個人正在告訴你想聽到的事情。想像你聽到他說，你的渴望已經成真，你已經成為了想成為的那種人，或是你已經擁有了所渴望的東西。你保持在這種接納的狀態，直到你生出聽見好消息時那種激動的情緒。接著，就像故事中的瑪利亞一樣，你祕密地進行這件事，沒有告訴任何人這個美妙的、無垢的自我孕育，並相信當時機成熟後，深植在你意識中的那個印記將會顯化為事實。

　　在聖父孕育出聖子胚胎的可能性中，運用了優生學的授精方式；祂不是將精子送到子宮中，而是透過另一種媒介來傳送。首先是渴望的意識產生了一個想法或種子；明確的渴望完美地形成了種子或獨生子。然後，種子從聖父那裡（渴

望的意識）被送到聖母（成為或擁有渴望狀態的意識）那裡，意識的改變是由天使或想像中的朋友聲音來完成，他們會告訴你，你已經實現了你的目標。

　　天使或朋友的聲音讓你留下有意識的深刻印象，這是自我孕育最安全也最可靠的捷徑。在你的渴望被加以適當定義的情況下，你採取了聆聽與接納的態度，想像你聽到了朋友的聲音，他在告訴你（想像他正在對你說話）你有多麼幸運，能讓自己的渴望完全實現。在這種全然接納的心態下，你接收到天使的訊息，也接收到渴望已經成為現實的訊息，不管是你渴望擁有的東西或是你想要成為的狀態，你都有所求已經如願的深刻印象。當你在想像中，聽到想要聽見的好消息時，如果能產生真心實意的激動與興奮，就是自我孕育已經成功的時刻。在那一刻，就像「無玷成胎」一樣，你確實感受到當下的你已經擁有了渴望的東西，或已經如願成為心中想要的那種人。

　　當你出現這種主觀的經驗時，因為心態的改變，就像故事中的瑪利亞一樣，你知道自己已經孕育了一個「兒子」，它代表的是一種堅定且明確的主觀狀態，不用多久，這樣的狀態就會具象化，成為你世界中的現實。

＊　＊　＊

　　我寫這本書是要讓你知道，你可以用什麼方法達成你設定的目標或渴望。善用這些原則，世上沒有任何人能夠阻止你的願望成真。

第 **3** 章

探尋

小冊子，*1946* 年

探尋（The Search）一文，是內維爾描寫早期神視（mystical visions）[1] 經驗最完整的一篇文章，發表於一九四六年，包括內維爾全能自我的哲學主張，也展現出他的文采與力量。內維爾是少數幾位能夠以一種與讀者切身相關又極為適切的方式去描述內在經驗的現代作家之一，他將本文獻給了他的女兒——生於一九四二年的維多莉亞。

——米奇·霍羅威茨

---

1 編按：神視是透過心靈之眼及耳朵所得到的神聖經驗，這些內部感官超越了身體的外部感官，得以跟更高層次的靈性存在連結。

探尋

　　有一次，在海上閒遊時，我冥想進入「完美狀態」。當時我在想，是否我的眼睛太純潔，以至於看不見罪惡；如果對我來說一切都是純潔的，而我沒有被非難，那我會是什麼樣子。當我逐漸迷失於這種激烈的憂思之中，我發現自己超越了被黑暗包圍的感官，感覺自己的存在就像是寄居於一具空氣軀殼中的火，這種感覺十分強烈。宛如來自天國、充滿欣喜的齊聲合唱響起，那些戰勝死亡的勝利者正唱著：「他復活了，他復活了。」我本能地知道，他們指的是我。

　　接著，我彷彿在黑夜中行走。很快的，我看到了一個場景，那可能是古老的畢士大池（Pool of Bethesda）[2]，因為在這個地方，躺著瞎眼的、瘸腿的、血氣枯乾的許多病人；他們不是像《聖經》所說的，正在等待著水流來治病，而是在等待著我。當我走近時，我宛如一個點石成金的魔術師（Magician of the Beautiful）不假思索且不費力地把他們一

---

2 編按：畢士大池是位於耶路撒冷舊城的一組水池，是《聖經》中耶穌行神蹟的地點之一。

個個地重新塑造了起來。眼睛、手腳、所有缺失的身體部位，都從某個無形的貯藏所取了出來，並與我內在所湧現的至善至美，和諧地融塑為一體。當一切都臻乎完美後，合唱聲又歡欣鼓舞地響起：「成了。」接著，場景消失，我也醒了過來。

我明白這次神視所示現的場景，是我對「完美」冥思苦想的結果，因為我的冥想總是會跟我所思索的狀態結合。我完全沉浸在這個想法中，以至於一段時間後，我就會變成我所設想的樣子。我當時懷著崇高的目標，吸引了隨之而來的崇高事物，並形塑了與我內在本質相呼應的神視經驗。使我們團結在一起的理想，是藉由各種想法的結合，以喚醒成千上萬種心境，去創造出一齣符合中心思想的戲劇。

大約七歲時，我第一次發現心境與神視之間有密切關係，進而意識到一種神祕的生命在我之內復甦，宛如驚濤駭浪、狂風暴雨的遼闊海洋。一直以來，我始終都知道什麼時候我將與這個隱藏的身分結合在一起，因為我的感官在這些夜晚充滿了期待，而且無疑地我也知道，在黎明到來之前，我將會與無限獨處。但另一方面，我也畏懼這些夜晚的來臨，我會保持清醒地躺著，直到眼睛因為疲憊而不得不閉上。當我閉上眼、沉沉入睡後，我將不再是一個人，而是完全被另一個存在迷住，而且我知道，它就是我自己。它似乎

比生命更古老，但對我來說，卻比我的童年更靠近我。如果我說出在這些夜晚的發現，並不是為了將我的想法強加在他人身上，而是為了把希望帶給那些尋求生命法則的人。

我發現自己期待的心情就像一塊磁鐵，將我與這個「大我」（Greater Me）連結在一起，而我的恐懼則會使「大我」顯現成一座波濤洶湧的海洋。當我還是個男孩時，我把這個神祕的自我想像得很強大；當我們合而為一時，我感覺得到它就像一座驚濤駭浪的海洋那般雄偉，把我浸透，而我就像一道無助的浪潮一樣，只能翻滾著被拋來拋去。

生而為人，我認為這個「大我」是愛，而我則是它的兒子。如今，當我與它合而為一，擁抱著我的是何等的一種愛！它就像是所有人的一面鏡子。不論我們對它有怎樣的設想，對我們來說，它就是那樣的存在。我相信它是宇宙的中心，宇宙中所有千絲萬縷的連結都被吸往這個中心；因此，我改變了價值觀，也改變了想法，好讓它們得以仰賴並與這唯一的萬有之因和諧一致。對我來說，永恆不變的實相創造出了跟我們的看法相呼應的環境。

這樣的神祕經驗讓我確信，除了自我改造，沒有其他方法可以實現我們所尋求的外在完美。一旦我們成功轉變，世界就會神奇地在我們眼前融化，重塑為符合我們轉變後所認可的新樣貌。

　　我將要描述的另外兩次神視經驗，證實了我所主張的真相：強烈的愛與恨，會讓我們思慮什麼就變成什麼，也就是所謂的「相由心生」。

　　有一次我閉上眼睛冥想，沉思著一個永恆的問題：「我是誰？」然後，感覺到自己逐漸融入一片無邊無際的光明大洋之中，想像力超越對死亡的所有恐懼。在這種狀態下，除了我自己——一片波光粼粼的無垠海洋，再無其他事物存在。我從未像此刻這樣，與存在如此親密。我不知道這個經驗持續了多久，但隨著一陣再度凝結成人形的清晰感受，我回到了人世間。

　　另外一次，我躺在床上闔眼假寐，沉思佛陀的奧祕。不久後，我人腦的黑暗深處開始發亮，有形似發光的雲朵圍繞著我，那些雲從我的頭上散發出如火般熾熱又有規律脈動的光環。一時之間，除了這些光環，我什麼都看不見。接著，我眼前出現了一塊石英結晶體；當我凝視它時，晶體碎裂成片，有無形的手迅速地將這些碎片塑造成一尊活生生的佛陀。當我看著這個正在冥想的人物時，發現到祂就是我自己，我就是我所思索的那尊活佛。一束像太陽一樣的光芒，從這個活生生的人物往外散發出去，越來越亮終至爆炸。接著，光芒逐漸消退，直到我返回到房間，為黑暗所包圍。

　　這樣的存在，是來自什麼空間或寶庫，竟比人類、他的

衣服、晶體、光更強大？我似乎行走在黑夜裡，當瘸腿的、血氣枯乾的、眼盲的人跟我的內在本質和諧共處時，如果當時我是在另一個真實的世界中看到、聽見及移動的話，那麼我是否可以合理假設，我還擁有一個比物質身體更為精微的身體，它可以與肉身分離並出現在其他空間？因為，無論一個有機體再多麼虛無縹緲，它還是擁有看、聽及移動的功能。即便我考慮到這些超自然經驗可能只是自我產生的幻象，我也會對這個更強大的自我感到驚奇。雖然他只是在我的腦海中一閃而過，但上演的這齣戲卻跟我完全清醒時的經驗同樣真實。

我一次次地進行著這些深刻的冥想與沉思，一點也不懷疑以上的假設都是對的。在這副塵世的身體之中，還有另一具身體可以跟光的世界心領神會。透過深入的冥想，就像磁鐵的作用一樣，將它從黑暗的血肉之軀中提升出來。我第一次喚醒自己內在之火時，以為頭要爆炸了；我的頭骨底部產生了強烈的振動，接著突然不省人事。當我醒來時，發現自己全身都被包裹在光之中，有一條銀色的彈性繩索連接著我和躺在床上昏睡的那具身體。我的情緒非常激動，感覺自己與星辰如此接近。我穿著光的外衣，漫遊於比地球更熟悉的空間之中，但接著我發現，就如同在地球上一樣，這裡的環境也以符合我本質的方式被形塑了出來。「自我產生的幻

象。」我聽到你這麼說，但這裡的真實程度跟地球沒兩樣。
我是不朽的存在，把自己設想為人，並按照對自己的看法來
想像及形塑這個世界。

　　我們想像什麼，就會成為什麼。透過想像，我們創造了
如夢似幻的一生；透過想像，我們也將重新進入那個永恆的
光之世界，成為在我們想像出這個世界之前的我們。在神聖
的經濟結構下，沒有任何事物會失去，在萬物擁有自然生命
的這個空間中，我們不會失去任何事物。死亡不會帶來任何
轉變的力量，因為不論我們是在這裡或在那裡，皆是透過想
像及感受的強度來形塑周遭的世界，並藉由對自己的看法，
照亮生命或讓生命走向黑暗。對我們來說，再沒有比對自己
的看法更重要的了，尤其是內在那個藏得更深的真實自我。

　　那些幫助我們或阻礙我們的人，不論知情與否，都服膺
了這個法則：我們會呼應內在本質，來形塑外在的環境。換
句話說，我們的自我概念會解放或束縛我們，儘管這些概念
可能會利用物質力量來達到其目的。

　　由於生命會形塑外在世界來反映我們心智的安排，因此
想要實現我們所尋求的外在完美，除了改造自己，別無他
法；沒有一絲一毫的助力是來自外在；我們舉目眺望的山，
是心靈之眼所見到的山。因此對我們自己的意識來說，我們
必須轉向唯一的實相，所有現象都能在此解釋得通。我們可

以完全仰賴這個法則的公平性，因為它只會給予我們跟自我本質相符的東西。

在改變自我概念之前試圖去改變世界，只是在對抗事物的本質，一無用處。只有等到內在先改變，才可能有外在的改變，這就是「存乎中，形於外」的道理。我的建議是，我們應該把自己想像成想要成為的那種人，活在偉大的精神氛圍之中，而不是利用實質的手段與抗爭去達到想要的改變；先說清楚，我不是在提倡某種哲學上的漠然心態。我們所做的每件事，如果沒有伴隨著意識的改變，都只是做表面工夫，所做的任何調整只會徒勞無功。不論你再怎麼努力，除了確認潛意識的假設之外，無法成就任何事。只會抗議發生在我們身上的任何事，就像是在抗議我們的存在法則，以及把自己命運的主宰權拱手讓人。

我們的生活環境與自我概念息息相關，以至於根本不用啟動深藏在心靈中的神奇寶庫。如果因為發生的事而造成痛苦，就應該往內檢視來找出原因，因為自我概念會形塑出一個跟它相符合的世界。

深度冥想會引發一種與沉思結合的狀態，在這種狀態中，我們會有神視經驗，其內容則會跟隨著意識而改變。這告訴我們，意識一轉變，環境與行為也會隨之改變。然而，當我們從一種狀態過渡到另一種狀態時，這種尋常的意識改

變並非真正的轉變，因為每一種狀態都會非常迅速地被另一種完全相反的狀態所取代。但是，只要有一種狀態能夠穩定成長到足以驅趕它的競爭對手，這個慣性狀態就會定義出自己的特性，成為一次真正的轉變。當我們說我們轉變了，就意味著，以往在我們意識外圍的觀念或想法，如今已經占據了意識的中心位置，並形成了能量的慣性中心。

所有戰爭一再證明激烈的情感在促成心理重組方面深具影響力。每一次重大的衝突之後，唯物主義與貪婪時代便會緊隨而來，當初發動戰爭時，那些冠冕堂皇的理想都被淹沒了。這是不可避免的，因為戰爭會引發仇恨，驅使意識從崇高理想的層次掉落到發動衝突的層次。如果我們對待理想能像對待厭惡那樣，有那般的強烈情感，就能把掉落到仇恨層次的意識，輕而易舉地拉升至理想層次。

愛與恨都有神奇的轉變力量，這種濃烈的情緒會讓我們的所思所想成真。強烈的仇恨，在我們內在所創造出來的特質，正是我們設想中的敵人會擁有的特質。這些特質渴求關注，也會因為失去關注而消亡。因此，那些不受歡迎的狀態，最好藉由想像「用華冠代替灰塵，用喜樂代替悲哀」（《以賽亞書》61:3）來消除，而非直接去對抗那樣的狀態，如此我們才得以自由。「凡是可愛的、有美名的，若有什麼德行，若有什麼稱讚，這些事你們都要思念。」（《腓立比

書》4:8）因為，只有跟我們調性一致，我們才有可能成為
這樣的狀態。

除了自我概念，沒有什麼可改變的。人類儘管有多種外
形與面貌，但還是一種單一的存在，只有在夢裡，我們才會
在自己的存在之中發現這種分離的假象。我們在夢中所見的
景象與情境，都是我們自己想像出來的產物，只存在於我們
的內心深處，除此之外，它是不存在的。而在浮生若夢的一
生中，我們所見到的景象與情境也是如此，它們揭示的是我
們的自我概念，也就是我們對自己的看法與信念。一旦我們
成功地轉變自我，眼前的世界就會自行消融、重塑，成為一
個跟我們所做的改變相符合的世界。

我們用心探究的宇宙只是一場夢，而我們都是做夢的
人，永恆的做夢者做著非永恆的夢。有一天，我們會像聖經
人物尼布甲尼撒（Nebuchadnezzar）[3] 一樣，都將從夢中醒
來，從與惡魔交戰的噩夢中醒來，發現我們其實從未離開永
恆的家園。除了在夢中，我們從未出生，也從未死去。

---

3 編按：巴比倫王尼布甲尼撒曾經因為忘記夢中的異象，而請先知但以理為
他解夢。

第 **4** 章

勇敢面對人生

內維爾回答洛杉磯學生的提問，*1948* 年

一九四八年，內維爾在洛杉磯開始了他的「五堂課」系列講座，這些講座清楚且完整地傳達了他的思想，並於他離世後集結成書。講座結束後的問答交流如下，這些交流突顯了內維爾作品中最常被問到的一些問題。

——米奇·霍羅威茨

1. 你的書封上都有一個圖案，有什麼含意嗎？

那是一隻眼睛緊壓在一顆心上，然後這顆心又緊壓在一棵結實纍纍的樹上。這意味著，你所意識到並接受為真的事物，就會被實現。因為一個人心裡想什麼，他就是什麼。

2. 我想結婚，但還沒找到對的人。我該如何去想像未來的另一半？

永遠要跟你的理想談戀愛，這是抓住這種念想的最佳狀態。不要把婚姻狀態限定在某個特定的男人身上，而是要把它視為一種充實、富足、幸福的人生。你所渴望的，是體驗這種婚姻帶來的快樂。不要去修正你的夢想，而是要讓它變得更美好來強化這個夢想。然後，將你的渴望濃縮成唯一的感覺，或是你的所有言行舉止都在暗示著夢想已經被實現了。

在西方世界，女人會將結婚戒指戴在左手的無名指上。成為母親未必代表已婚，有了親密關係也未必是已婚，但一枚婚戒的意義卻不同。

坐在舒適的扶手椅上，或者是平躺在地板或床上，放鬆下來，讓自己進入一種類似睡眠的狀態。接著，假裝自己已經結婚了，去感受結婚的感覺。想像你的無名指上戴了一枚婚戒，撫摸它、轉動它，然後摘下戒指。反覆以上的動作，直到戒指變得有真實感，就像你真的擁有一枚婚戒一樣。全

心全意地沉浸在這種感覺中，等到你睜開眼睛時，甚至會驚訝地發現戒指怎麼不見了！

　　如果你是個未婚男人，可以想像自己承擔了更大的責任：如果你有個妻子要照顧，會有什麼樣的感覺？把自己當成是一個幸福的已婚男人，完完全全地去感受這樣的感覺。

3. 我必須做什麼才能激發創意，比如寫作所需要的創意？

　　你必須做什麼？你要做的，就只是把這個故事當成已經寫好、而且被某家大出版社相中並準備出版了。你要把當作家的這個想法濃縮成一種滿足感。

　　不斷重複這句話：「太棒了！」或是「謝謝你，謝謝你，謝謝你！」一遍又一遍，直到產生一種成功的感覺。或者，想像有朋友恭賀你成功出書。有無數種暗示成功的方法，而結果都是殊途同歸。你對結果的欣然接受，將主觀地促成它的實現。不要一直想著要寫什麼，而是要想像你已經是個作家，並照著你想成為的那種作家一樣行動及生活。假設你有寫作的天賦，想想你的外在表現會是哪種模式。如果你寫了一本書但沒有人買，這樣的結果不會為你帶來滿足感；所以，你要表現得就像書一推出就大賣、人人瘋搶，要活得就像你寫書的速度遠不能滿足市場的需求。堅持這樣的假設，達成你目標所需要的一切將會迅速地開花結果，展現

在你面前。

4. 我該如何想像有更多聽眾來聽我的演講？

　　在此分享我認識的一位非常有能力的老師所使用的技巧，來為這個問題提供最好的答案。這位老師剛來美國演講時，場地是在紐約市的一間小講堂，剛開始時，只有五、六十人參加他在週日早晨的聚會，由於人數不多，他們都坐在前幾排。當時站在講台上的他，會想像台下坐滿了聽眾；然後，他會對著空無一人的後幾排位置喊道：「你們聽得見我的聲音嗎？」

　　今天，這個人定期在紐約市的卡內基音樂廳（Carnegie Hall）演講，每個週日早晨以及週三晚間會場都有大約二千五百名的聽眾。他想對更多人演講，不想以此自滿，也不是自欺欺人，而是先在自己的意識中聚集了一大群人，然後聽眾就真的紛紛湧入了。想像你正站在一大群聽眾前發表演說，感受你站在講台上的感覺，你的感覺自然就會提供你所需要的方法。

5. 我可以同時想像好幾件事嗎？或是應該只想像一個願望？

　　我個人比較喜歡一次只想像一個念頭，但這不代表我只能止步於此。一天當中，我可能會想像很多事情，但與其想

像許多細微末節的小事，我會建議你不如想像一件大事，把所有小事都涵蓋在內。例如，與其想像你擁有財富、健康、朋友，不如想像你活得非常快樂，因為你不可能既快樂又痛苦，也不可能既快樂又遭受被剝奪的威脅。如果你缺乏完整的友誼與愛，哪能感受到這種欣喜若狂的感覺？

倘若你從來不知道欣喜若狂的滋味，又要怎樣去揣摩那種感覺呢？你可以把這種感覺簡化為一句話：「太棒了！」想想講這句話時，你的心情如何？不要讓理性的心智有機會問你為什麼，因為一旦它這麼做，就會開始尋找那些顯而易見的原因，接著你的滿足感就會慢慢消散。相反的，你應該要一遍遍地重複「太棒了！」這句話，先不要急著去判斷「什麼事很棒」，抓住你對「太棒了！」這句話的所有感覺，那麼見證這種感覺的事情就會發生。我向你保證，發生的事一定涵蓋你所有的小願望。

6. 我應該多久進行一次這樣的想像？幾天或幾週？

《創世記》有雅各與天使摔跤的故事，這個故事給了我們正在尋找的線索：一旦得到滿足後，無能便隨之而來[1]。

當你對自己所渴求的東西產生現實感後，至少在那個當下，心智會變得無用武之地。一再渴求的欲望消失了，取而代之的是成就感。對於你已擁有的事物，你不會再持續渴

求。如果你假設自己已經成為你所渴望的那種人，並因此達到狂喜的程度，你就不再需要這種渴望了。你的想像不但是一種創造性的行為，也是一種實質的作為，跛腳、退縮或受到祝福都是實質的作為。就像人能創造出自己的形象一樣，想像力也會把你改變成你所設想的樣子。然而，如果你還沒有達到滿意的程度，就要一遍遍地重複你的想像，直到想像真實到了你彷彿可以碰觸到的程度，這時候，那股渴望就從你身上消失了。

7. 我受到的教導是追求靈性成長，而不是求取塵世事物，但金錢與財物卻是我所需要的。

　　你必須對自己誠實。整本《聖經》一直出現這個問題：「要我為你做什麼？」有人想看見，有人想要食物，有人想要直起腰，有人想讓兒子活下去。

　　你所在的那個空間維度中有個更大的自我，它透過渴望的語言對你說話。別欺騙自己，你知道自己想要什麼，並且聲明你已經擁有了，因為你父樂意賜給你。你要切記：你所

---

1 編按：雅各與人摔跤時先是贏了，後來被那人摸了大腿窩後便扭了腳，雅各由此發現對方是神而要求神給予祝福。雅各的故事告訴我們，認知到自己的無能，才能一心一意尋求並得到神的恩典。

渴望的，你已經擁有了。

8. 當你設想自己的願望時，會時刻記得有個更偉大的永恆存在保護著你並給予你這個假設嗎？

　　全然去接受目的，就是達成目的之手段。假設你的願望已經被實現，完全沉浸在那樣的感受中，在你這個維度的大我將會決定實現的方法。一旦處於這種如願的狀態，你就會把注意力從所有焦慮的想法中轉移出來，如此一來，就不用再去尋尋覓覓任何跡象。你不必抱持著某種存在將會幫你實現願望的想法，因為你知道願望已經被實現，它已然是個事實了。當你連走路的樣子都像願望已經成真，那麼事情就能水到渠成地成為現實。你不用去想某種存在會為你做什麼事，因為你的大我已經幫你完成了。你所要做的，就是走到那件事會自然發生在你身上的地方。

　　還記得這個故事嗎？有個男人離開耶穌，在回家途中遇見他的僕人，告訴他：「你的兒子活了。」他問僕人什麼時候好的，僕人說：「未時。」在他設想這個願望的同一時間，這個願望達成了，因為就在未時，耶穌告訴他：「回去吧，你的兒子活了。」[2] 你的願望已得到應允，你走路的樣

---

2 編按：出自《約翰福音》第四章第 46-54 節。

子就要像願望成真一樣。雖然在你存在的空間中，時間流動非常緩慢，但時間終究會為你證實你的假設。然而，我請求你要有耐心，如果有一件事是你真正需要的，那就是耐心。

9. 不是說不能不勞而獲嗎？難道我們不能靠自己去爭取想要的東西嗎？

創造已經完成！你父樂意將這個國度賜給你。《聖經》中浪子回頭的故事，就是你的答案。儘管浪子浪費了資財，但當他醒悟過來記起自己是誰時，就得以大啖肥牛犢，穿戴上好的袍子與戒指。我們不必費力去爭取什麼，因為創造已經完成。生而為人，你是神所創造出來的，你就是這個樣子，而不是你將要成為什麼樣的人。不要以為你必須躬身流汗才能獲得救贖，也不必等四個月後才能收割，莊稼已經成熟了，可以使用鐮刀收割了！

10. 創造已經完成的這個想法，是否剝奪了人的主動性？

如果你在某個事件發生前就觀察到它，那麼在這個三維世界被喚醒的這個觀點，代表它早就已經存在了。然而，你所觀察到的這個事件未必會發生，因為只要改變你對自己的看法，就能夠干預並形塑你的未來，讓未來跟你已經改變的自我概念漸趨一致。

11. 這種改變未來的能力，不就推翻了「創造已經完成」的核心概念了嗎？

並非如此。改變你對自己的看法，就改變了你跟事物的關係。如果你把一齣劇本的文字重新組合寫成另一齣戲劇，你不是在創造新的文字，而是在享受重新安排它們的樂趣。你對自己的看法會重新安排你生命中所有大小事件的順序，這些事件才是構成世界的基礎，而不是它們的排列順序。

12. 為什麼鑽研形而上學的人，看起來總是若有所失？

因為他沒有真正去應用形而上學。我說的不是某種無病呻吟的生活態度，而是意識法則的日常應用。當你認可並善用對你有益的事，就不需要透過某個人或某種狀態來充當媒介才能落實。

活在人世間，我每天都要用錢。如果我邀請你明天共進午餐，我必須付帳；離開旅館，我必須付住宿費；搭火車回紐約，我必須買火車票。我需要錢，也必須擁有錢。我不會說：「神清楚得很，祂知道我需要錢。」相反的，我會設想已經擁有了那些錢！

我們必須勇敢面對人生，必須活出這樣的人生，就像我們已經擁有了想要的一切。不要以為你幫助了別人，就會有人看到你的善行而贈予東西來減輕你的負擔。沒有人會為你

這麼做，你自已必須勇敢、大膽地去取用你的父已經賜給你的東西。

13. 一個沒有受過教育的人，能夠透過想像自己受過教育而受惠嗎？

可以。凡是被引起的興趣，從各方面來看都是一則被授予的訊息。你必須由衷地渴望接受良好的教育，這股博覽群書的渴望，再加上你把自己設想成一位博學之士，將會使你在閱讀時更能精準挑選；而隨著你在教育上的大幅躍進，你將會自然而然地對所做的一切更有識別能力。

14. 我們夫妻兩人一起上課，可以討論彼此的願望嗎？

《聖經》中經常看到這兩段話，一句是：「去做，不要對任何人說」；另一句是：「現在事情還沒有成就，我預先告訴你們，叫你們到事情發生時就可以信。」在你的願望還沒有顯現出來之前，就告訴他人一定會實現，這需要相當的勇氣。如果沒有這樣的膽量，最好保持沉默。

我個人喜歡把計畫告訴我的妻子，因為當計畫開始成形時，我們兩人都會很興奮。如果一個男人想要向人證明這個法則為真，那麼第一個人就是他的妻子。據說穆罕默德之所以永垂不朽，就是因為他的第一個門徒就是他的妻子。

15. 我們夫妻兩人應該一起為同一個計畫努力，還是各有各的計畫？

這完全由你自己決定。以我們夫妻來說，我們兩人興趣不同，但也有許多共同點，你還記得我說過我們今年春天要回美國嗎？我覺得身為一家之主，我有責任找到順利回美國的方法，因此將這件事全攬在自己身上；但在這個約定中，我的妻子也有她要承擔的事，比如把家裡打理得整潔又溫馨，以及為我們的女兒找到合適的學校等等。

我妻子常常要我為她想像，因為她對我這方面的能力非常有信心。這讓我受寵若驚，因為每個有擔當的男人都希望能得到家人的信任。我認為兩個彼此相愛的人相互交流，沒有任何不妥之處。

16. 我認為，如果讓自己太沉醉在自我催眠的狀態下，將會產生一種匱乏感。

我說的感覺不是指情緒，而是接受你的願望已經成真的這個事實。當你感覺到感激、滿足或欣慰時，很容易就會說出：「謝謝」、「太棒了」，或是「搞定了」。一旦你進入感恩狀態，你要不是清醒地意識到「事情搞定了」，就是沉浸在願望被實現的感受之中。

17. 愛是意識的產物嗎？

　　所有一切都存在意識之中，不管是愛或是恨。沒有任何事物來自外在，你所仰望的山丘，就是你內在所見的山丘。你感受到的愛、恨或冷漠，全都來自你自己的意識。你遠比自己所想像的還要偉大，你永遠追趕不上那個最極致的你，你就是神奇的存在。愛不是你的產物，你就是愛，因為神就是愛，神的名就是「**我是**」。「**我是**」也是你在聲明現在的自己就是你之前，用來稱呼自己的名字。

18. 假使我的願望無法在六個月到一年的時間內實現，是否還要繼續等待及想像？

　　一旦你有了願望，就是你充分接受這個願望的時候。或許這股強烈的衝動會在此時出現，是有原因的。雖然你的三維存在認為這個願望無法在此時被實現，但你第四維度的心智知道它已經被實現了，因此現在你應該把這個願望當成一個如假包換的事實來接受它。

　　假設你想建造一棟房子。你現在就想擁有它，但樹木成長、請工人來搭建房子都需要時間。雖然這股衝動來勢洶洶，但你不需要慢慢去適應，現在就要聲明你已經擁有它，讓它自己以那些千奇百怪的方式顯化出來。不要說你必須花六個月或一年時間來落實，當願望出現時，就要假設它已經

是事實了。只有你自己才能給願望加上完成的時間，而在這個世上，時間是相對的。不要坐等任何事情發生，現在就要接受它、認定它就是事實，然後看看會發生什麼事。

當你產生出一個願望時，就是內心深處的你（也就是被稱為神的那個你）在說話，他以願望為語言來敦促你，告訴你「你現在已經是……」，而不是「以後將會是……」。願望只是他用來跟你交流的媒介，他要告訴你的是，凡你所渴望的，現在就是你的！等你完全適應這個事實並把它當真以後，就證明你已經接受它了。

19. 為什麼有些人會英年早逝？

當我們回顧某個人的人生時，不是看他活了多少年，而是看他活得有多精采及多充實。

20. 你認為什麼樣的人生才算完整？

擁有各種各樣的經驗。你的經驗越多元，生命就越豐富。當死亡降臨時，你將會前往一個維度更高的世界，並在一個由人類經驗所組成的鍵盤上彈奏你的樂章。因此，你的經驗越多元，樂器就會越精良，生命也會越豐富。

21. 那麼，一出生就夭折的孩子又怎麼說？

這些孩子會永遠活著，沒有死去。一出生就夭折的孩子，看似沒有任何人類經驗可以組成鍵盤，但正如一位詩人所說的：

他畫了個圈，把我排除在外，

異教徒、惡棍、藐視嘲弄的傢伙。

但是愛和我以智取勝！

我們畫了個圈，把他圈了進來。

被愛者可以接通愛人者的感官經驗。神就是愛，因此從根本上來說，每個人都有一種樂器，它的鍵盤是由所有人的感官印象所組成。

22. 你的禱告技巧是什麼？

我的禱告以願望開始，因為願望是行動的主要動力。你必須了解並定義你的目標，然後將它濃縮成一種充滿暗示的實現感。當你的願望被清楚地加以定義時，會在想像中固化你的身體與經驗，自我暗示願望已經實現了。一遍遍地重複你的想像，直到它開始變得生動逼真。

或者，將你的願望濃縮成一句暗示著願望已經實現的短

語，比如：「感謝神」、「太棒了」或「搞定了」。在想像中，不斷重複這句短語或禱告過程。接著，你要不是繼續陷入自我催眠之中，就是從那個狀態中清醒過來。這無關緊要，因為當你在自我催眠的狀態下全然接受願望成真時，你已經完成有效的禱告了。

23. 有兩個人爭搶同一個職位，其中一人是現任，想要保住現職；而另一人是前任，想把職位要回來。

你的父（在三維時空的那個更偉大的你──大我）擁有你無從得知的方法與手段，接受他的智慧，感受你的願望已被實現，然後允許你的父把它賜給你。當下的這個你可能會被晉升到 個更高職位，或是嫁給一個富有的男人並辭掉工作；也可能繼承一筆財產，或選擇搬到另一州居住。

許多人說他們想工作，但我相當懷疑這一點。其實，他們希望擁有的是安全感，並認為工作是得到安全感的條件之一。按照我個人的看法，一般的女孩子通常不會真的想每天早起去上班。

24. 為什麼會有身體病痛？

身體是情緒的過濾器。許多被認為是生理問題的人類疾病，如今已被確認其根源是情緒障礙與困擾。

　　身體會疼痛，是因為你沒有放鬆下來。一旦睡著、身體放鬆下來，就不會感受到疼痛。就像在麻醉的狀態下，也不會感受到任何疼痛一樣，因為某種程度來說，麻醉時身體也是放鬆的。如果你感覺到疼痛，那是因為你太緊繃了，而且還試圖強迫自己去完成某事。但是，你無法迫使某個想法成真，你只是擁有這個想法。你要不費力地集中你的注意力，只有透過練習，才能使你進入既專心又放鬆的狀態。

　　注意力通常會導致緊繃，而放鬆正好相反。你必須把集中注意力與放鬆融合在一起，直到你透過練習學會如何集中注意力卻不緊繃為止。越是競爭的環境，你越要學會不費力地集中注意力。

25. 無論我多麼努力地想讓自己快樂，內心深處總有一種被忽視、被冷落的感受，為什麼？

　　因為你覺得自己不被需要。如果我是你，我會把自己當成是被大家所需要的，你知道如何運用這個技巧。假設你是被需要的，一開始你會覺得這個假設太假了，但如果你堅持下去，不斷地去感受自己是被需要且被尊重的，你會驚訝地發現其他人開始親近你，因為他們在你身上看到了以前從未發現的特質。我可以跟你保證，如果你願意把自己當成一個被需要的人，你就會是如此。

26. 如果我的安全感是因為某個親近的人死了，那是我造成對方的死亡嗎？

完全不必這麼想。你假設自己獲得了安全感，並不會造成他人的死亡。你的大我不會去傷害任何人，他只是看到了全局，知道每個人的壽命幾何，於是給他人啟示，好讓你的設想成真。

你並沒有殺害那個把你的名字寫進遺囑的人。假如在你完全接受安全感的那個念頭沒過幾天，你的約翰叔叔就離開了這個世界，把財產留給了你，那也只是約翰叔叔的時日到了，他並沒有提早一秒鐘離開人世。你的大我看到了約翰叔叔的壽命將盡，於是把他當成你獲得安全感的途徑。

當你完全接納某個目標之後，實現的方法自然會出現。除了目標之外，別擔心任何事，始終牢記一點：實現目標的責任，並不在你的肩膀上。那個目標本來就是你的，因為你已經完全接納了它！

27. 如果目標不止一個，那麼在不同時間專注於不同的目標，會不會沒有效果？

我喜歡設定一個遠大的目標，然後將它濃縮、簡化成暗示會實現的一句短語或一個舉動。不過，我不會去限制自己的企圖心，因為我知道，我的真正目標將會涵蓋我想要的所

有小目標。

28. 我發現很難改變對自己的看法,為什麼?

因為你想改變的渴望尚未被喚醒,如果你真心愛上了你想要成為的樣子,你就會成為他。要有強烈的渴望,才能促成自我的轉變。

「神啊,我的心渴慕你,好像鹿渴慕溪水。」(《詩篇》42:1)如果你跟那頭渴慕溪水的小鹿一樣,勇於面對林中之虎的怒氣,你就會變得完美。

29. 我正考慮要創業,這對我來說意義重大,但我想像不出來它會以何種方式落實。

你可以卸下這個責任,你根本不用想著要如何去實現,因為它已經是現實了!雖然到目前為止,你對自己的看法似乎跟你考慮的創業落差非常大,但它現在已經是存在你之內的一個現實了。問問自己:「如果創業成功,我會有什麼感受?會做什麼?」認同這樣的新角色與感受,你將會驚訝地發現實現夢想的速度有多快。

你所要做的唯一犧牲,就是放棄你當下對自己的看法,並恰當地表達你想要的那個願望。

30. 身為研究形而上學的學生，我被教導要相信自己會受到種族信仰及普世假設的影響；而你的意思是，只有在這些信念凌駕於我之上時，我才會受到它們的影響，是這樣嗎？

是的，觀點就只是觀點而已。你對自己的看法如何，可以從你的世界見出端倪。如果有人冒犯了你，從而改變你對自己的看法，這是別人改變你的唯一方法。從這個房間任選六個人，讓他們去看今晚的報紙，不會有兩個人以同樣方式去詮釋同一個故事。有人可能會高興，有人可能會沮喪，有人可能無動於衷，以此類推，儘管他們看的是同一個故事。

普世的假設、種族信仰，不管你怎麼稱呼，它們對你而言都不重要；重要的是你對自己的看法，而不是他人的看法，因為你對自己的看法決定了你對他人的看法。不要去管別人，他們跟你又有什麼關係呢？隨心所欲，跟著你的心走就好。

法則始終在發揮作用，而且絕對性不容置疑。你的意識是所有架構的磐石，留神觀察你的覺知，不用去在意他人，因為這條法則的絕對性始終支持著你。沒有人是自己走到你面前的，不管是好人、壞人或是無關緊要的人；不是他選擇了你，而是你選擇了他！他是被現在的你所吸引過來的。

你無法強硬去摧毀他人表現出來的狀態，不如隨他去吧。他跟你又有什麼關係呢？當你提升到更高的意識層次

時，就會發現一個新世界正在等著你；而當你變得神聖時，
你身邊的人也會跟著你變得神聖。

31.《聖經》是誰寫的？

　　《聖經》是智者們寫的，他們利用太陽與陽物崇拜的神
話來揭示心靈真相。然而，我們卻將這些象徵性寓言誤以為
是真實的歷史，因而沒能看出他們想傳達的真正訊息。

　　奇怪的是，《聖經》問世當時，也就是即將被人們廣為
接受的時候，位於埃及的亞歷山大圖書館卻被一把火夷為平
地，沒有留下任何關於《聖經》如何寫成的記載。很少有人
能讀懂其他種文字，所以無法把自己的信仰跟其他信仰做比
較；同時，教會也不鼓勵這種作為。在把《聖經》當成事實
的數百萬人當中，有多少人曾經質疑過它？他們相信這是神
的語言，盲目地接受這些話語，以至於錯失其中所蘊含的真
義。接收這個載體後，他們完全不了解它要傳達的訊息。

32. 你會使用次經嗎[3]？

　　我在教學時不會使用次經，不過我家裡倒有好幾卷。次
經只是以不同方式述說相同的真理，與現在六十六卷的《聖
經》沒有太大的不同。例如，有個關於耶穌的故事，說耶穌
還是小男孩時，看著孩子們用泥巴做成鳥兒，把鳥兒握在手

上，假裝鳥兒在飛。耶穌走近孩子們，打掉他們手中的鳥
兒；孩子們哭了起來，耶穌撿起了其中一隻殘破的鳥兒，重
新用泥把牠模塑好了之後，再把牠舉得高高的，然後吹了一
口氣後，鳥兒便活了起來，拍打著翅膀飛走了。

　　這就是一個打破偶像的故事，然後告訴人們要如何利用
相同的物質來重塑出美麗的形狀並賦予生命。這就是故事所
要傳達的訊息。「我來，並不是叫地上太平，乃是叫地上動
刀兵。」（《馬太福音》10:34）真理會誅戮心智中所有泥巴
做成的鳥兒，會誅戮所有的幻覺與假象，然後將之重塑為使
人們獲得自由的新模式。

**33. 如果耶穌是《聖經》作者為了演示某些心理劇所創造出
來的虛構人物，你如何解釋他與他的哲學在當時的非宗教歷
史中被提到的這個事實？那時候的彼拉多（Pontius Pi-
late）與希律王（Herod）等羅馬官員不是真有其人嗎？**

　　耶穌的故事與印度教救世主奎師那（Krishna）的故事
如出一轍，有相同的心理特質，也都由處女母親所生；在他
們還小時，當時的統治者都想殺害他們。兩人都有治癒病

---

3 編按：Apocrypha 譯為次經，原本意思是隱藏的，指的是羅馬天主教舊約
　聖經中比新教聖經多出來的那些經卷。

人、使死人復活、傳播愛的福音等事蹟，最後都像殉道者般
為人類而死。印度教徒與基督教徒都相信，他們的救世主是
上帝所創造出來的人。

今天人們經常提到蘇格拉底，但蘇格拉底存在過的唯一
證據，是出現在柏拉圖的作品中。據說，蘇格拉底最後是喝
了毒芹汁死的，但我要問你，蘇格拉底到底是誰？我曾經引
用莎士比亞的一句台詞，當時有位女士對我說：「不對，那
是哈姆雷特說的。」哈姆雷特從來沒說過這句話，這是莎士
比亞寫下來，然後藉由他所創造出來的人物之口把這些話說
出來，而他把這個角色取名為哈姆雷特。聖奧古斯丁說過：
「現在被稱為基督教的宗教，古代早就有了；他們開始稱基
督教為真正的宗教，但它從未存在過。」

34. 你會使用肯定語與否定語嗎？

讓我們放下使用肯定語與否定語的那些流派吧。最好的
肯定語，也是唯一有效的肯定語，本身就是一種假設，這種
假設意味的是「否定之前的狀態」。

最好的否定就是完全的漠不關心。事物會因為你的不感
興趣而枯萎，會因為你的關注而生意盎然。你不能以某件事
物不存在來否定它，相反的，你要認可它，並把你的感受融
入其中，你所認可為真者，對你來說就是真的，不論是好

的、壞的或是無關緊要的。

35. 一個人有沒有可能看起來是死了，但實際上沒有死？

據說李將軍（General Lee）[4] 是在他母親（原本以為已經死亡）被活埋的兩年後出生的，幸運的是，她沒有做防腐處理，也沒有被深埋在地底下，而是被放在一個墓穴中。後來有人聽到她的哭聲，才把她救了出來。兩年後，李夫人生了一個兒子，就是後來的李將軍。這是美國歷史的一部分。

36. 一個年輕時一無所有的人，是如何成功的？

我們是習慣性的生物，擁有一遍遍不斷重複的思維模式。雖然習慣就像強制性的法則一樣，會驅使一個人重複某種模式，但習慣畢竟不是法則，因為你我都可以改變這些模式。許多成功人士，像亨利‧福特、洛克斐勒及卡內基，年輕時都是一窮二白。這個國家有許多偉大的名人都來自貧窮的家庭，但他們卻在政治、藝術及金融界留下偉大的成就。

一天晚上，我有個朋友參加一場年輕廣告主管的聚會。當晚的演講者對這些年輕人說：「今晚，我只有一件事要告

---

4 編按：李將軍指的是羅伯特‧李（Robert Edward Lee），為美國南北戰爭期間的有名將領。

訴你們，那就是：讓自己變得強大，就不會失敗。」

　　他拿出了一個普通的魚缸及兩個袋子，一袋裝的是英國核桃，另一袋裝的是小豆子。他把核桃與豆子倒在魚缸中混合，然後開始搖晃魚缸，並說道：「這個魚缸就是生命。你無法讓它不搖晃，因為生命就是一種持續的脈動、生氣勃勃的節奏，但是，請注意看。」然後，他們看到大顆的核桃都跑到了上層，而小豆子則是沉到了底下。

　　演講者看著魚缸，問道：「是誰在抱怨，並且問為什麼會這樣？」接著他又說：「怪了，聲音是來自魚缸裡面，不是外面。有顆豆子抱怨說，如果它的環境跟核桃一樣好，也能做大事，只可惜它從來沒有這樣的機會。」接著，他從魚缸底下拿出一顆小豆子放到最上層，然後說道：「我可以用外力來移動這顆豆子，但我無法阻止這個代表生命的魚缸繼續搖晃。」當他搖晃魚缸時，那顆小豆子又沉到底下了。

　　他像是又聽見了抱怨的聲音，於是問道：「我似乎又聽到了什麼？你是說我應該拿起一顆自認為個頭很大的核桃，把它放到底下，然後看看它會發生什麼事？你認為它會跟你一樣綁手綁腳、一事無成，因為它會跟你一樣被剝奪了成就大事的機會？那就讓我們來看一看吧。」

　　一說完，他就把一顆大核桃往下按壓，讓它一路沉落到魚缸底部。他說：「我仍然無法阻止這個代表生命的魚缸繼

續搖晃。」這次當他搖晃魚缸時，那顆大核桃再度浮到最上面。於是，演講者說了以下這句結論：「各位，如果你們真的想擁有成功的人生，就讓自己變強大吧。」

我朋友一直把這句話銘記在心，並開始把自己當成一位成功的商界人士。如今，如果你是以金錢來衡量成功與否的話，那麼他確實是一位成功的大人物：他在紐約市擁有一家公司，旗下員工有一千多名。你們每個人都可以像他一樣這麼做：把自己當成你想成為的人，並依照這樣的設定來行事，最後這會變成堅不可摧的事實。

第 5 章

超越世界
第四維度思考

內維爾最富原創性的一本書，*1949* 年

在《超越世界》（*Out of This World*）這本書中，內維爾做了一個很少形而上學的哲學家會做的嘗試：他設計了一套理論，說明為什麼我們的心念與想法會是創造的工具。就像我在編輯序所說的，他的想法與量子理論的要素有著驚人的一致性。這本內容精闢的小書探討了一些最犀利也最令人難忘的主題，是先前他在《五堂課》講座就已經介紹過的內容，本書在那場系列講座後的隔年問世。

——米奇‧霍羅威茨

1. 超越這個世界

「現在事情還沒有發生，我預先告訴你們，叫你們在事情發生的時候，就可以信。」

——《約翰福音》14:29

包括我自己在內，許多人會在事件發生在這個三維世界之前，就先觀察到某些跡象。由於人類可以在事件發生於這個世界前就觀察到它們的存在，代表地球上的生命必然是按照某種計畫在進行的，而這項計畫也必然存在於另一個維度的某個地方，並緩慢地進入了我們這個空間。

如果發生的事件，在最初被觀察到時並不存在於這個世界，那麼合乎邏輯的推理，它們必然存在於這個世界之外的某個地方。在這處發生之前就在他處被觀察到的事物，從僅能意識到三維世界的人類來看，都是「早已決定的」。因此隨之而來的問題就是：「我們能夠改變未來嗎？」

我撰寫本文的用意，是要指出人類與生俱來的潛能，證明人類可以改變自己的未來。但是一旦改變了，從被干預的那一點上又會開始形成一系列已被決定的事件，形成一個符合這個改變的未來。可塑性是未來的一個最顯著特性，它是

由個人的態度來決定的，而不是行為。你對自己的看法（稱
為自我概念），決定了你周遭的世界，你會按照自己的方式
行事並擁有自己的經驗，因為你對自己的看法就是這樣，別
無其他原因。如果你有截然不同的自我概念，行事方式也會
完全不同。改變對自己的看法，未來自然會跟著改變，而未
來那些連串經驗的任何改動，也會回過頭來改變你對自己的
看法。甚至連微不足道的假設，都可能造成相當可觀的影
響。因此，人們應該修正自己對假設的評估，並認識假設的
創造能力。

　　所有改變都發生在意識之中。至於未來，即便每個細節
都已被預先設置好了，仍有好幾個可能的結果。我們人生的
每一刻，都在面對各種各樣的選擇，而在做出決定的同時，
我們就選擇了不同的未來。

　　每個人對世界都有兩種實際的看法：一種是物質焦點
（natural focus），一種是靈性焦點（spiritual focus）。古時
的導師們稱前者為「屬肉體的心」（the carnal mind），稱
後者為「基督的心」（the mind of Christ）。我們可以將它
們區分為由感官掌控的尋常清醒意識，以及由欲望控制的想
像力。我們在下面的這段話中，可以看出這兩個不同的中心
思想：「屬血氣的人不領會神聖靈的事，反倒以為愚拙，並
且不能知道，因為這些事唯有屬靈的人才能看透。」（《哥

林多前書》2:14）物質觀點將現實限定在被稱為「現在」的這個時刻，對物質觀點來說，過去與未來都是虛的；相反的，靈性觀點看到的是時間的內容，認為每個事件在空間中都是獨特且分離的。對靈性觀點來說，過去與未來是一個整體。物質觀點的人看來是精神層面或主觀的事物，對靈性觀點的人來說卻是具體且客觀的。

只看感官允許我們看見的，這個習慣使得我們對於自己應該能看見的東西視而不見。為了培養看見無形事物的能力，我們應該經常刻意地讓心智擺脫感官證據的操控，而把注意力集中在一種不可見的狀態上，用心去感受它、覺察它，直到它具備了實際事物的所有特性。

專注又認真的心念會屏蔽其他的感知，並讓它們消失。我們只要把注意力集中在所渴望的狀態上，就能看見它。把注意力從感官領域抽離出來，轉而專注於不可見的事物，養成這樣的習慣，有助於發展我們的精神面貌，使我們能夠穿透感官世界，看見不可見的事物。「自從造天地以來，神的永能和神性是明明可知的，雖是眼不能見。」（《羅馬書》1:20）。這種視覺，完全獨立於肉身層次的能力之外，你要開啟它、活化它！沒有了它，這些指示完全無用武之地，因為「聖靈的事，唯有屬靈的人才能看透」。

透過一些練習，我們自然會相信控制想像力，就能重新

形塑一個自己所渴望的未來。渴望是行動的主要驅動力。除非我們真的想動動手指頭，否則連根手指頭都動不了。無論我們做什麼，都是在追隨當下支配心智的那股渴望。當我們打破一種習慣時，也是因為我們想要打破習慣的渴望，更勝於繼續保持習慣的渴望。

驅使我們採取行動的欲望，正是那些會抓住我們注意力的欲望。欲望只是一種意識，認知到要讓現在的生活變得更快樂，我們缺少了什麼或需要什麼。欲望總是伴隨著個人的利益，預期的利益越大，欲望就越強烈。沒有絕對無私的欲望，一無所獲之處不存在著任何欲望，也不會有任何隨之而來的行動。

屬靈的人透過欲望的語言，跟物質心智對話。在生活中要取得進展並實現夢想，關鍵在於你要隨時聽從夢想的話語。毫不猶豫地服從它的話語，就是去假設願望已經實現。想要擁有才會生出渴望的狀態，正如法國神學家帕斯卡（Blaise Pascal）說的：「如果你尚未找到我，是因為你並未尋找我。」去體驗彷彿願望已經成真的感受，然後按照這樣的信念來生活與行動，就可以改變未來，讓未來符合你所做的假設。

假設會喚醒它所確認的事物。一旦我們認為願望已經得到滿足，在四維空間的自我就會開始想辦法找出實現目標的

方法。對於我們實現欲望的方式，據我所知，再沒有比下列這句話更明確的定義了：想像願望已經成真，然後去體驗隨之而來的那些真實感受。願望成真的感受，決定了你達成願望的方法。你在四維空間的那個自我，擁有更廣大的視野，他會建構出必要的手段來實現你已經接受的願望或目標。

　　沒有受過訓練的散漫心智，很難堅定地假設一個被所有感官都否定的狀態。這裡提供一個技巧，可以讓你在事情尚未發生之前更容易讓它們發生：「召喚那些目前還不可見的事物，彷彿它們已經在那裡了。」越是簡單，重要性越容易受到輕忽，然而經過多年的探索與實驗之後，我發現這個簡單的公式竟然可以改變未來。欲望是改變未來的第一步，也就是：明確定義你的目標，清楚知道你想要什麼。第二步：建構一個你相信在願望實現後會遇到的事，也就是一件可以暗示願望已經成真的事，這是你可以主導的一項行動。第三步：讓身體安靜下來，誘發出一種類似快睡著的狀態（你可以躺在床上或放鬆地坐在椅子上，想像自己快睡著了）；接著，閉上沉重的眼皮，將注意力集中於你打算在想像中做的行動，你的心裡要真正並持續地感受你正在執行這項行動。在想像中，你必須全程親身參與，而不是站在旁邊觀望，你的每個動作、每個感覺都像是實際發生一樣。

　　重要的是，你始終都要謹記你打算去做的這個行動，一

定要是你在願望成真之後會發生的事件；而且，一定是發生在你身上的事，持續想像，直到這件事在想像中逼真到有如實際發生在現實的世界。

例如，你渴望升職，那麼在這個渴望成真之後，你會遭遇到與你切身相關的一件事就是同事的道賀，選擇它作為你在想像中會體驗到的事件。首先，讓身體安靜下來，然後誘發一種類似快睡著的狀態。在這種昏昏欲睡的狀態下，你仍可控制自己的心念，我形容這是一種「不費力的專注」狀態。現在，想像有個同事或朋友站在你面前，你握住了他的手。感受手中那種有如實質的真實感，然後在想像中跟對方展開一段與這個行動相符的對話。你們不是隔著遙遠的時空在對話，而是要讓遙遠的空間成為此地，讓遙遠的時間成為此時。在這個維度更高的世界中，未來事件就是此時此刻的現實。奇怪的是，雖然這是個維度更高的世界，但你的感覺就跟待在我們日常的三維空間一樣。

你可以比較以下這兩種投入程度：一種是想像中的一舉一動，感覺就像發生在此時此地；另一種是想像中的一舉一動，就像隔著電影銀幕在觀看。這兩者的區別是成功與否的關鍵。現在，想像你正在爬梯子：閉上眼睛，你看到一座梯子就放在你面前，然後感覺你真的在一階一階地爬梯子。你應該能夠體會什麼是臨場感了。

　　設定渴望的標的、保持安靜的身體、昏昏欲睡的狀態，以及想像一個由你主導、發生在此時此刻的行動。以上元素缺一不可，不僅可以改變未來，也是有意識地投射靈性自我的必要條件。當身體安靜不動時，才會生起做某件事的念頭——想像你此時此地正在做這件事，並讓想像中的行動一直持續下去，直到真正睡著。你可能會在身體中醒過來，發現自己置身在一個維度更高的世界裡，在這裡，你有更廣闊的視野，並真的在執行你渴望去做的事。但不論我們是否在那個世界醒過來，我們都在第四維度的世界執行了那項行動，而且將在這個三維世界的未來重現。

　　經驗告訴我，要將想像中的行動濃縮成一個想法，也就是將冥想目標限制為單一行為，一遍又一遍地重演，直到產生逼真的真實感。否則，注意力將會漫無目的地沿著聯想的軌道遊蕩，大量的聯想畫面會爭相奪取你的注意力。可能只是一眨眼，你就會被帶到離目標數百公里的空間，或是在時間上跑偏好幾年。如果爬樓梯是你在渴望成真之後最可能做的事，那麼你就必須將這個冥想行動限制在爬那一座特定的樓梯。萬一你走了神，就必須將注意力再帶回來，繼續爬那座樓梯並反覆做這個行動，直到它在想像中變得跟真的一樣，具備獨一無二的真實感。到了最後，你只須花最小的力氣就能一再讓相同的情節重演，讓整個精神層面充滿了願望

已實現的感受。

　　睡意會加速改變，因為它更容易進入不費力的專注狀態。但是，你要避免真的睡著，否則就不能再繼續控制你的注意力；而適度的睡意，才是導引心念最合適的助力。讓渴望成真的一個最有效方法，就是產生願望已經被實現的滿足感，然後在一種昏昏欲睡的放鬆狀態下，就像一遍遍唱搖籃曲一樣，反覆在內心裡說出任何暗示渴望已實現的短語，比如「謝謝你」，彷彿在感謝某種更高的力量為我們完成了這件事。然而，如果想要有意識地把這種渴望投射到一個維度更高的世界中，就必須不斷持續這個動作，直到沉沉睡去。

　　想像的體驗必須具備現實的所有鮮明特性，就像願望成真時你會體驗到的所有一切。在未來的某一天，你想像的經歷會在現實中重演。用假設來餵養你的心智，即便對感官來說，假設不是真實發生的事，但堅持下去，等到假設具備了真實感，就會逐漸凝聚成形而成為事實。對假設來說，所有能夠促成假設成真的方法都是好的；不管是動作、行動、話語，只要能夠支持假設趨向於現實，都是多多益善。

　　想要了解我們如何塑造出與假設相符的未來，就必須知道我們所說的一個維度更高的世界指的是什麼。因為我們將會在這樣的一個世界中，去改變未來。如果每個發生在三維空間的事件，在發生之前就可被觀察到，那就暗示了這個事

件是預先就決定好的。因此，想要改變三維空間的條件，就必須先在四維空間修改這些狀況。

對一般人來說，什麼是維度更高的世界大都是一頭霧水，也毫無疑問地會反駁還存在著一個維度更高的自我。我們都知道三維空間指的是由長度、寬度及高度構成的空間，如果真的有第四維度的世界，應該就跟三維空間一樣明顯可見才對。但是，多出來的這個時間維度並不是線性的，因此與三維空間的測量方式是截然不同的。

那麼，除了長度、寬度、高度的度量之外，還有其他測量物體的方法嗎？要測量我的生命，不需用到長、寬、高這三個維度。沒有一個東西叫「瞬時物體」，因為一個物體的出現與消失都是可測量的，它會持續一定的時間。我們不必使用長度、寬度及高度，就可以測量它的存在時間。因此，時間絕對是第四種測量方法。

一個物體具備越多的維度，就會變得越真實。沿一條直線的運動具有一個維度，因此一維只能測量長度，唯有加上其他維度，才能獲取形狀、質量以及其他實體的特性。那麼第四維的時間可以賦予物體什麼新的特性，讓它更優於三度空間的立體呢？就像一維只有長度，二維平面只有長度與寬度，到了三維就升級為具有長寬高的立體世界，那麼四維呢？時間是改變經驗的媒介，因為所有改變都需要時間，所

以時間賦予的一個新特質，就是可變性（changeability）。

　　仔細觀察，如果我們將固體一分為二，它的橫截面將會是平面；將平面一分為二，會得到線條；將線條一分為二，會得到點。這意味著，點不過是線條的橫截面，如果反過來說，線條是平面的橫截面，平面是固體的橫截面，而若是按照此邏輯來推論，固體就是一個四維物體的橫截面。

　　於是，我們得出了這樣的邏輯推論：所有的三維物體，都是四維物體的橫截面。這意味著，當我遇到你時，我遇到的是一個四維的你（四維的你不可見）的橫截面。要看到你的那個四維自我，代表我必須看過你從出生到死亡的所有橫截面或是每一時刻，並且還要讓它們同時並存。我的注意力必須涵蓋你在地球上所經歷過的，以及你未來可能會遇上的所有感官印象。我看到你這一生的所有經歷，但它們不是按照時間的順序，而是以一個整體來呈現。由於改變正是第四維的特質，因此我應該看到的是一個不斷變動、充滿活力的完整狀態。

　　以上所說，對在三維世界的我們意味著什麼呢？它意味著，如果我們可以沿著時間的長度移動，就可以看見未來，還能按照我們的意願去改變它。我們認為如此堅實的這個世界，對維度更高的世界來說，只不過是個影子，我們隨時都可以擺脫它、超越它。三維世界是提取自一個更基本、維度

更高的世界，而這個維度更高的世界又提取自另一個維度更高的世界；以此類推。但無論我們給世界加上多少維度，任何手段或分析都無法做到「絕對」。

　　一個人只要將注意力專注在某種不可見的狀態，並且想像他可以看見並感受得到，就能證明確實存在著一個維度更高的世界。如果他持續專注在那種狀態下，周遭事物都會消逝，他將在一個維度更高的世界醒來。在那裡，他會看見自己所想像的東西就像真的一樣存在。我直覺認為，如果他可以在這個維度更大的世界中一再精煉自己的心念，然後退回到內心更深處，就會得到一個顯化的時間，而且所在的空間維度還會變得更大。因此，他可以得出以下的結論：時間與空間都是連續的，生命這齣大戲就像是在攀登一個多維度的時間積木。

　　科學家總有一天能夠解釋為何會有連續宇宙（Serial Universe）的存在，但實際上，我們如何利用這個連續宇宙來改變未來更加重要。要改變未來，我們只需要關心連續宇宙中的兩個世界：一個是我們透過身體感官去感知的世界，另一個是身體器官無法感知的世界。

2. 讓假設成真

　　人們之所以相信外在世界的真實性，是因為他們不知道如何凝聚力量來穿透現實的薄殼。本書只有一個目的：揭開感官的面紗，進入另一個世界。我們不必費力地去揭開這層面紗，只要將注意力從客觀世界移開，這個世界就消失了。

　　唯有專注在渴望的狀態，我們才能透過心靈之眼看到它、賦予它真實性，並讓它成為一個客觀的事實。我們必須將注意力集中在不可見的狀態，直到它產生真實感。渴望會因為注意力的集中，而具備了現實的鮮明性與感覺，如此一來，我們便賦予了它成為一個具體事實的權利。

　　如果在昏昏欲睡的狀態下很難控制注意力，你可能會發現，凝視某個物體（例如牆、地毯，或任何具有厚度的物體）會有很大的幫助。你的眼神不要只看這個物體的表面，而是彷彿要看穿進去一樣（盡量不要選會產生反光或倒影的物體）。然後想像你穿透這個厚度後會看到你想看的，聽到你想聽的，直到你的注意力完全被想像狀態所占據。

　　冥想結束時，當你從「受你控制的清明夢」中醒過來後，會感覺彷彿自己從遙遠的地方回來一樣。先前被你拒在

門外的現實世界又回到你的意識之中，而它的存在讓你知道，你是在欺騙自己去相信你的想像，以為冥想中的一切是真實的。但如果你知道，你在夢中的意識才是唯一的現實，那麼你就會忠於自己的想像，並藉由維持這樣的心態來認可你未來的現實禮物，也證明你有力量賦予渴望真實感，讓這些渴望有機會成為具體可見的事實。

　　定義你的理想目標，並集中注意力去認同你的這個意圖。想像達成目標的感覺，如果你已經把自己當成目標的化身，就能完全沉浸在應該有的感覺之中。接著，抱持這樣的信念去生活與行事。你的感官一定會否定你所做的假設，但只要堅持下去，假設就會變成現實。透過心靈之眼去看看那些你認識的人，你就會知道自己是否已經成功地將渴望深植在意識之中。你想像著跟他們對話，是否比以往更無拘無束、更真誠？如果你對這樣的改變感到驚訝，就有機會去進行自我分析。萬一你看待他們的方式跟以前一樣，那代表你對自己的看法還是沒有改變。只有改變對自己的看法，你跟世界的關係才會跟著改變。

　　在你的冥想中，允許他人以新方式來看待你，宛如你對自己的新看法已成為具體的事實。現在的你，成了啟發他人的理想化身；因此冥想時，當你想到別人的時候，他們是以新的方式來看待你，而且就像這種情形已經是一個客觀的事

實了。也就是說，在你的冥想或想像中，他們已經用你所渴望的方式來看待你了。

如果你假設自己已是你想成為的那個人，那麼在這個願望成真後，所有的渴望都會被抵銷。因為你無法繼續渴望已經擁有的東西。願望不是你要努力去實現的，而是要相信你已經擁有了它，並去體驗擁有它的感受。你要先相信才能擁有，兩者本是一體，想像者與他的想像也是一體，因此你設想中的那個自己跟你的距離絕對比「接近」更接近，因為就連「接近」也意味著「分離」，而不是合而為一。耶穌說：「你若能信，在信的人，凡事都能。」信就是所望之事的實底，是未見之事的確據（《希伯來書》11:1）。假設你已經是想要成為的那種人，那麼你會看到他人對待你的方式也會與你的假設相符合。

然而，如果你渴望的是對他人有益之事，那麼在冥想中，你必須想像他們已經呈現出你渴望他們成為的樣子。有了渴望，你們才有機會超越當下的限制。一旦你能夠在想像中真實體驗到渴望成真的那種狀態，從渴望到實現的路就會大幅縮短。

我曾經說過，我們隨時都在做選擇，眼前總是有好幾種可能的未來。但問題來了：「如果三維世界中被喚醒的人類經驗是已經注定的，怎麼可能還有選擇的餘地呢？」答案

是：有的。因為我們會在事件發生之前就先觀察到它。如果把我們在地球上的生命經驗比喻成這本書，就可以從中看到改變未來的能力；人類對於地球事件的單次或連續體驗，就如同你現在正在看的這一頁文字。

　　想像這一頁的每個字都代表一個感官印象。為了理解上下文的意思，你的視線從左上角的第一個字開始，專注地從左往右移動，逐一落在每個字或句子上。等到你看完了這一頁的最後一個字時，已經吸收並精煉了這一頁的意思。然而，當你看著這一頁的所有文字時，你也可以玩文字重組遊戲，重新講述一個完全不一樣的故事。事實上，你可以講出許多個不同故事。

　　夢，其實是不受控制的四維度思維，或者說是對過去與未來感官印象的重新組合。一個人在做夢時，夢中的事件極少會按照他清醒時所經歷的真正順序出現；他夢到的兩個或更多事件，通常發生在不同時間，然後在夢中融合成一個感官印象。或者在夢中，他徹底地重新組合清醒時的單一感官印象，以至於它在清醒狀態下重現時，他甚至認不出來。

　　舉例來說，我夢見將一個包裹送到我所在公寓的餐廳。餐廳的女老闆對我說：「你不能把包裹留在這裡。」隨後，電梯操作員給了我幾封郵件，當我向他致謝時，他回過頭來還禮。這時，晚班的電梯操作員出現了，他向我揮手致意。

　　第二天我離開公寓時，撿起了幾封放在門口的郵件。坐電梯下樓時，我給了日班的電梯操作員小費，感謝他把郵件送到我門口；隨後，他也謝謝我給他小費。那天回家時，我無意間聽到門僮對送貨員說：「你不能把包裹留在這裡。」而當我要坐電梯上樓時，餐廳裡有一張熟悉的面孔吸引了我的注意。我往餐廳裡頭張望時，餐廳女老闆向我微笑致意。當晚，我帶著來我家吃晚餐的客人去搭電梯，並向他們道別，此時晚班的電梯操作員向我揮手道晚安。

　　簡單地重新安排幾個注定會遇到的單一感官印象，並將其中的兩個或更多個融合成一個感官印象，我建構的這個夢境，跟我清醒時的現實經驗完全不同。

　　當我們學會去控制注意力在四維世界移動時，應該能夠有意識地在三維世界創造出某種環境。我們透過清醒的夢境來學習這種控制能力，在夢中可以不費力地保持注意力，「不費力的注意力」是改變未來不可或缺的要素。在受到控制的清明夢中，我們可以有意識地建構出一個渴望在三維世界經歷的事件。

　　我們用來建構清明夢的感官印象，是在時間中或四維世界中被錯置的現實。我們在建構清明夢時所需要做的，就是從大量的感官印象中去挑選，選出那些若經妥善安排就能暗示渴望已實現的印象。一旦清楚定義清明夢的內容，就可以

在椅子上放鬆坐下來，誘發一種類似睡眠的意識狀態。在這種昏昏欲睡的狀態中，我們仍然可以有意識地控制注意力。一旦進入這種狀態，就會在想像中經歷那些我們在現實中會經歷的事件，彷彿這個清明夢已變成一個客觀事實。運用這個技巧去改變未來時，務必要牢記，在這個清明夢中，你腦海中唯一要想的一件事，就是這個夢境已是被決定好的行動，它暗示著我們的渴望已經實現了。至於這個清明夢會如何顯化為真正的事實，就跟我們無關了。只要我們把這個清明夢視為現實，落實它的方法自然會出現。

我再來強調一次：你所需要的，不過就是一個受到你控制的清明夢而已。

1. 定義好你的目標——明確地知道你想要什麼。

2. 建構出一個事件，這是渴望被實現後你必定會遇上或是會做的事——某個由你主導的行動，暗示著你的渴望已經實現了。

3. 讓身體安靜下來，從而誘發一種昏昏欲睡的意識狀態。然後，從精神面去感受自己正在進行這項行動——想像你此時此刻正在執行這項行動，把想像中的體驗當成真實世界的體驗，逼真到彷彿在現實世界中已經達成了你的目標。

　　經驗告訴我，這就是達成目標，讓夢想成真的最佳方法。然而，我經歷的多次失敗也告訴我，要完全掌控注意力有多麼不容易。在此，我只能遵循古代導師們的教誨：「我只專注一件事，就是忘記背後，努力面前的，向著標竿直跑，贏得獎賞。」（《腓立比書》3:13-14）

3. 想像的力量

> 「你們必曉得真理，真理必叫你們得以自由。」
>
> ——《約翰福音》8:32

人們聲稱，一個真正的判斷必須與它相關的外部現實一致。這意味著，如果我被囚禁，卻一直暗示自己是自由的，而且也真的相信自己是自由的；但顯然的，現實情況並非如此，所以我極可能是一個幻覺受害者。然而，由於我親身的經驗，我開始相信許多奇怪的事件，而且看不出有什麼理由去懷疑這些事情的真實性，即便它們超出了我的經驗。

古代的導師告誡我們不要以貌取人，他們說：真理不需要與它所關聯的外部現實一致。他們聲稱，如果我們想像一個人有罪，我們就做了假見證——不管我們的信念看起來多真實，也不管我們的信念多麼符合與之相關的外部現實。如果我們無法讓所相信的人得自由，那麼它就是不實的，因此也是錯誤的判斷。

我們被要求去否認感官提供的證據，去想像使他人自由的真理。「你們必曉得真理，真理必叫你們得以自由。」要知道他人的真相，我們必須假設他已經成為他所渴望的樣

子。我們對他人所抱持的任何看法，如果缺少了他想要實現的渴望，就無法使他自由，因此也不會是真相。

　　我沒有在學校的自學課程中學習任何技藝，而是把時間幾乎完全獻給了想像的力量。我可以坐上數小時，想像自己超越了理性與感官，直到想像的狀態如現實般鮮明，逼真到連路人都成了我想像的一部分，而且他們的表現也都是我所希望見到的。藉著想像的力量，我完全融入想像的狀態，並引導著他們的行動與對話。人們的想像力就是他們自己，而想像力所看到的世界是真實的世界，但我們有責任去想像所有美好及有價值的東西。「因為耶和華不像人看人，人是看外貌，耶和華是看內心。」（《撒母耳記上》16:7）「因為他心怎樣思量，他為人就是怎樣。」（《箴言》23:7）

　　在冥想中，當大腦變得越來越通透時，我發現想像力會被賦予一種磁力，把我所渴望的所有事物都吸引了過來。當我從內在改變自己時，渴望是想像用來形塑生命的力量。首先，我會渴望看見某個人或某個場景，然後我會像那個人或那個場景真的在那裡一樣去觀看，好讓這個主觀的想像狀態轉化為客觀的事實。我渴望去聽見，然後就像真的聽見了一樣，這個想像的聲音會說出我所下的指令，彷彿它主動發出了這個訊息。我可以舉很多例子來證明我的論點，證明這些想像狀態的確成了物質的現實。但我知道，我的例子會激起

許多人的反駁，那些尚未有過類似經驗的人，或那些不贊同我的觀點的人，他們自然而然地必定會質疑。儘管如此，經驗使我堅信這段論述的真實性：「他使無變為有。」（《羅馬書》4:17）因為在我的冥思中，我也曾經使無變為有，使不可見變為可見，最後更變成了這個物質世界的現實。

透過這個方法（先有渴望，然後想像正在經歷所渴望的事物），我們可以形塑出一個符合我們渴望的未來。但是，我們務必遵循先知的建議，只去想像美好及有價值的東西，因為不管我們的本意是善或惡，想像都會無差別且迅速地為我們服務。善惡、禍福皆由我們而起：「看哪，我今日將生與福、死與禍，都陳明在你面前。」（《申命記》30:15）

渴望與想像是巫師的魔法棒，會把同類吸引過來。當大腦處於類似睡眠的狀態時，它們的表現最有活力。我前面已經說過進入更高維度世界的方法，為了打開一個更大的世界，在此我再提供一個公式。「人躺在床上沉睡的時候，神就用夢和夜間的異象，開通他們的耳朵，將當受的教訓印在他們心上。」（《約伯記》33:15-16）

在夢中，我們是夢境的僕人而不是主人。然而，內在的夢境可以轉化為外在的現實。做夢就如同冥想，我們從這個世界滑入另一個維度更高的世界；我知道，夢境不是現代心理學家所認為的二維平面，而是在一個維度更高的世界所發

生的現實事件，同時我們還握有掌控權可以控制它們。我也
發現，萬一我被夢境嚇到了，可以抓緊任何無生命或靜止的
物件（例如椅子、桌子、階梯、樹）來命令自己醒過來。在
醒過來的指令中，我會抓牢夢中的物件，帶著從夢中被喚醒
的鮮明感受把自己拉出夢境，然後在另一個維度中醒來時，
還緊緊抓著夢中的物件。於是，我發現自己不再是夢境的僕
人，而是夢境的主人，因為我有充分的意識去控制注意力的
方向。在意識完全清醒的狀態下，若是能控制思維方向，就
能使無變為有。渴望，以及假設渴望已被實現的滿足感，我
們把不可見的事物變為可見。不像三維世界，在假設與實現
之間會出現時間的落差，在維度更高的世界，我們的假設可
以立即被實現。外在現實可以立即反映我們主觀的假設，不
需要等待四個月才能收割。再一次，我們就像真的看見了渴
望看到的，聽到了渴望聽到的，你瞧！莊稼已經成熟，可以
收割了。

在這個維度更高的世界中，「你們不要爭戰，要擺陣站
著，看耶和華為你們施行拯救。」（《歷代志下》20:17）由
於這個更大的世界正在緩慢穿越過我們的三維世界，因此可
以藉由想像的力量來形塑一個符合我們渴望的世界。你所聽
見的、所看到的，都像置身在一個渴望已成真的世界中，甚
至你伸出想像的手，都彷彿能碰觸到實物。接下來，你的假

設會逐漸凝結成為現實。

　　對於那些認為判斷必須符合外部現實的人來說，「想像創造現實」的方法是愚蠢的，也是妨礙人類進步的絆腳石。然而，我宣講的這種想像的力量，是把人們所渴望實現的，定格在意識之中。經驗讓我相信，堅定不移的心態不會屈服於外在的現實，也因此想像的力量可以讓「那沒有的」去「廢掉那有的」。（《哥林多前書》1:28）

　　我寫的不是一本奇蹟之書，而是想帶人們的心智回歸到唯一的現實，古代導師們將之崇敬為神。凡是關於神的話語，事實上說的都是人的意識。因此，我們可以套用經文這麼說：「如經上所記，誇口的，當指他自己的意識誇口。」[1]

　　每個人都能運用意識法則，不需要他人的協助及引導。「**我是**」是絕對的自我定義，「我是葡萄樹，你們是枝子」，從這個根出來的一切都得以成長。

　　對於「我是誰？」這個永恆問題的答案是什麼？你的答案就是你對自己的看法，也決定了你在這齣世界大戲中扮演什麼角色。也就是說，你對自己的看法不需要遷就它所涉及的外部現實。下面這句話揭示了這個偉大的真理：「軟弱的

---

1 編按：此段的原話出自《哥林多前書》：「如經上所記，誇口的，當指著主誇口。」

要說，我是勇士。」（《約珥書》3:10）

　　回顧過去那些一事無成的新年新希望，那些美好的決心通常只有五分鐘熱度。為什麼？因為它們從根部就被切斷了。假設現在的你已是你想成為的那個人，在想像中體驗你的真實感受，彷彿你的新年新希望已經成真了。忠於你的假設，用自己所假設的新條件來重新定義自己。萬物如果被從根切斷，就沒了存活的可能，而我們的意識（「**我是**」）正是現實世界的一切之始，所有事物的根源。

　　「你們若不信我是基督，必要死在罪中。」（《約翰福音》8:24）也就是說，如果我不相信我已經是自己所渴望成為的人，那麼將會一直保持原狀，直到死都受困在對自己的看法之中。除了人的意識，沒有任何力量可以使人所渴望的東西復活、賦予其生命。一個習慣隨心所欲去想像的人，將會憑藉著想像的力量，讓自己成為命運的主人。「復活在我，生命也在我，信我的人，雖然死了，也必復活。」（《約翰福音》11:25）「你們必曉得真理，真理必叫你們得以自由。」

4. 只有自我需要改變

「我為他們的緣故，自己分別為聖，叫他們也因著真理成聖。」

——《約翰福音》17:19

我們所奉行並致力實現的理想，若不是與我們的本質有潛在的關聯性，絕不可能從我們身上進化而來。

現在，我的目的是強調我在兩年前公開談論的一個經驗。我相信這些摘自《探尋》一書的內容，將幫助我們了解意識法則的運作，並讓我們看到，我們什麼都不需要改變——除了自我。

「有一次，在海上閒遊時，我冥想進入『完美狀態』。當時我在想，是否我的眼睛太純潔，以至於看不見罪惡；如果對我來說一切都是純潔的，而我沒有被非難，那我會是什麼樣子。當我逐漸迷失於這種激烈的憂思之中，我發現自己超越了被黑暗包圍的感官，感覺自己的存在就像是寄居於一具空氣軀殼中的火，這種感覺十分強烈。宛如來自天國、充滿欣喜的齊聲合唱響起，那些戰勝死亡的勝利者正唱著：『他復活了，他復活了。』我本能地知道，他們指的是我。

　　「接著，我彷彿在黑夜中行走。很快的，我看到了一個
場景，那可能是古老的畢士大池（Pool of Bethesda）[2]，因
為在這個地方，躺著瞎眼的、瘸腿的、血氣枯乾的許多病
人；他們不是像《聖經》所說的，正在等待著水流來治病，
而是在等待著我。當我走近時，我宛如一個點石成金的魔術
師不假思索且不費力地把他們一個個地重新塑造了起來。眼
睛、手腳、所有缺失的身體部位，都從某個無形的貯藏所取
了出來，並與我內在所湧現的至善至美，和諧地融塑為一
體。當一切都臻乎完美後，合唱聲又歡欣鼓舞地響起：『成
了。』接著，場景消失，我也醒了過來。

　　「我明白這次神視所示現的場景，是我對『完美』冥思
苦想的結果，因為我的冥想總是會跟我所思索的狀態結合。
我完全沉浸在這個想法中，以至於一段時間後，我就會變成
我所設想的樣子。我當時懷著崇高的目標，吸引了隨之而來
的崇高事物，並形塑了與我內在本質相呼應的神視經驗。使
我們團結在一起的理想，是藉由各種想法的結合，以喚醒成
千上萬種心境，去創造出一齣符合中心思想的戲劇。

　　「這樣的神祕經驗讓我確信，除了自我改造，沒有其他

---

2 編按：畢士大池是位於耶路撒冷舊城的一組水池，是聖經中耶穌行神蹟的
　地點之一。

方法可以實現我們所尋求的外在完美。一旦我們成功轉變，世界就會神奇地在我們眼前融化，重塑為符合我們轉變後所認可的新樣貌。

「在神聖的經濟結構下，沒有任何事物會失去，在萬物擁有自然生命的這個空間中，我們不會失去任何事物。死亡不會帶來任何轉變的力量，因為不論我們是在這裡或在那裡，皆是透過想像及感受的強度來形塑周遭的世界，並藉由對自己的看法，照亮生命或讓生命走向黑暗。對我們來說，再沒有比對自己的看法更重要的了，尤其是內在那個藏得更深的真實自我。

「那些幫助我們或阻礙我們的人，不論知情與否，都服膺了這個法則：我們會呼應內在本質，來形塑外在的環境。換句話說，我們的自我概念會解放或束縛我們，儘管這些概念可能會利用物質力量來達到其目的。

「由於生命會形塑外在世界來反映我們心智的安排，因此想要實現我們所尋求的外在完美，除了改造自己，別無他法；沒有一絲一毫的助力是來自外在；我們舉目眺望的山，是心靈之眼所見到的山。因此對我們自己的意識來說，我們必須轉向唯一的實相，所有現象都能在此解釋得通。我們可以完全仰賴這個法則的公平性，因為它只會給予我們跟自我本質相符合的東西。

「在改變自我概念之前試圖去改變世界，只是在對抗事物的本質，一無用處。只有等到內在先改變，才可能有外在的改變，這就是「存乎中，形於外」的道理。我的建議是，我們應該把自己想像成想要成為的那種人，活在偉大的精神氛圍之中，而不是利用實質的手段與抗爭去達到想要的改變；先說清楚，我不是在提倡某種哲學上的漠然心態。我們所做的每件事，如果沒有伴隨著意識的改變，都只是做表面工夫，所做的任何調整只會徒勞無功。不論你再怎麼努力，除了確認潛意識的假設之外，無法成就任何事。只會抗議發生在我們身上的任何事，就像是在抗議我們的存在法則，以及把自己命運的主宰權拱手讓人。

「我們的生活環境與自我概念息息相關，以至於根本不用啟動深藏在心靈中的神奇寶庫。如果因為發生的事而造成痛苦，就應該往內檢視來找出原因，因為自我概念會形塑出一個跟它相符合的世界。

「深度冥想會引發一種與沉思結合的狀態，在這種狀態中，我們會有神視經驗，其內容則會跟隨著意識而改變。這告訴我們，意識一轉變，環境與行為也會隨之改變。

「所有戰爭一再證明激烈的情感在促成心理重組方面深具影響力。每一次重大的衝突之後，唯物主義與貪婪時代便會緊隨而來，當初發動戰爭時，那些冠冕堂皇的理想都被淹

沒了。這是不可避免的，因為戰爭會引發仇恨，驅使意識從崇高理想的層次掉落到發動衝突的層次。如果我們對待理想能像對待厭惡那樣，有那般的強烈情感，就能把掉落到仇恨層次的意識，輕而易舉地拉升至理想層次。

「愛與恨都有神奇的轉變力量，這種濃烈的情緒會讓我們的所思所想成真。強烈的仇恨，在我們內在所創造出來的特質，正是我們設想中的敵人會擁有的特質。這些特質渴求關注，也會因為失去關注而消亡。因此，那些不受歡迎的狀態，最好藉由想像『用華冠代替灰塵，用喜樂代替悲哀』來消除，而非直接去對抗那樣的狀態，如此我們才得以自由。

「除了自我概念，沒有什麼可改變的……一旦我們成功地轉變自我，眼前的世界就會自行消融、重塑，成為一個跟我們所做的改變相符合的世界。」

第 **6** 章

修正的藝術

出自《覺醒的想像力》一書，*1954* 年

本篇內容摘自《覺醒的想像力》（*Awakened Imagination*）第四章。內維爾曾經說過，如果他有一個理念會為人所誌記，他認為應該是「修正的藝術」。這是他的神祕公式，用來修正讓你懊悔的過去事件，並代之以你想要的結果。「別責怪，解決就好。」內維爾寫道。

——米奇‧霍羅威茨

「第二個人是出於天。」

——《哥林多前書》（*I Corinthians*）15:47

「他絕對不會說毛毛蟲，他會說：『普魯，我們的甘藍菜
上有許多未來的蝴蝶。』他不會說『現在是冬天』，而
是說：『夏天正在沉睡。』對凱斯特來說，再小的花苞、
再深暗的顏色，都不會讓他不把它們稱為開花之始。」

——瑪莉·韋博（Mary Webb）

《十足的禍端》（*Precious Bane*）

矯正或補救的第一步始終都是「修正」。一個人必須從
自己做起，必須改變自己的態度。

「我們是什麼，只有我們能看到。」

——愛默生

　　每天在想像中，以你所希望的方式重新把這一天再過一次，修正當天的場景，使它們符合你的理想，這是最健康也最具成效的鍛鍊。例如，今天的郵件帶來令人失望的消息，那麼你可以修正這封信的內容，重新在心裡寫一遍，使它符合你希望接到的消息。然後，在想像中一遍又一遍地讀這封修正過的信。這就是修正的具體做法，而修正的結果就是撤銷舊有的。

　　修正的先決條件是喚起注意力，讓你能完全沉浸在修正的行動中。透過這個需要想像力的練習，你將體驗到感官的擴展及更細緻的感受，最終能達到視覺化的效果。但是別忘了，這個練習的最終目的，是要讓你從內心生出「耶穌的靈」（the Spirit of Jesus），也就是不斷地寬恕及赦免。

　　當你的動機是改變自己、誠摯地渴望有所不同，並渴望喚醒寬恕這個理想、正向的精神時，修正是首要之務。沒有了想像力，人類只是罪惡的存在。人要不是往前走向想像力，就是繼續被禁錮在感官之中，而前者就是寬恕。寬恕是想像力的生命，生活的藝術就是寬恕的藝術。事實上，寬恕就是在想像中經歷這一天的修正版本，在想像中經歷你希望在現實中經歷的事。所謂真正的寬恕，就是你可以在想像中以這個事件應該有的樣子再去經歷一次，然後得到重生。

　　「父啊，赦免他們」，這不是一年一度的請求，而是每

天都有的機會。寬恕每天都可能發生，如果一個人可以真誠地做到寬恕，寬恕就會把他提升到越來越高的境界。於是，他每天都在過復活節，而復活在此的意思就是轉變，這應該是一個持續不斷的過程。

自由與寬恕密不可分。不願寬恕的人，就像在跟自己打仗，因為我們能否得到解脫，是由寬恕他人的能力來決定。

「你們要饒恕人，就必蒙饒恕。」

——《路加福音》6:37

寬恕，不僅僅是出於某種責任感或服務意識，而是因為你想這麼做。

「他的道是安樂，他的路全是平安。」

——《箴言》3:17

你必須以修正為樂。只有當你真摯地渴望認同他人的理想時，你才能真正地寬恕他人；不管是責任或義務，都缺乏動力。寬恕是刻意地將注意力從未經修正的那一天抽離出來，然後把完全的注意力、充足的力量及喜樂都轉移給修正版的一天。如果一個人開始修正每天的煩惱及憂慮，即便只

有一點點，都會開始在自己身上發揮作用；每一次修正都是自己的勝利，也是敵人的勝利。

> 「人的仇敵，就是自己家裡的人。」
>
> ——《馬太福音》10:36

他的家指的是他的心態。當他修正剛過完的這一天時，同時也改變了他的未來。

一個人在練習寬恕及修正的藝術時，不管眼前場景有多真實，他都可以用自己的想像力去修正它，並注視著自己從未見過的景象。任何修正行為都會帶來非常大的改變強度，這樣的改變對現實主義者及缺乏想像力的人來說，是完全不可能發生的事。但是別忘了，浪子的命運被徹底逆轉，所仰賴的完全是「心的改變」。

戰鬥是在自己的想像中進行的，不修正自己的日子，就會失去對生活的憧憬，日復一日過著相似的生活。修正，是你心中的「聖靈」轉變生命所做的真正努力。

> 「無論何事，你們願意人怎樣待你們，你們也要怎樣待人，因為這就是律法。」
>
> ——《馬太福音》7:12

　　以下是一位藝術家朋友寬恕自己，並從痛苦、煩惱及敵意中解脫的方法。她知道除了遺忘與寬恕，沒有什麼能為我們帶來新的價值觀，於是她仰賴自己的想像，從感官的牢籠中掙脫出來。她寫道：

　　「星期四一整天我都在藝術學校授課，一件小事破壞了原本完美的一天。走進下午的教室時，我發現工友在清潔地板後，沒有把所有搬到桌子上的椅子拿下來。當我將一把椅子拿下來時，椅子從我手上滑落，重重地撞上了我的右腳腳背。我立刻檢視當下的想法，發現心裡正在批評這個人沒有做好他的工作。由於他少了個幫手，所以我明白他大概覺得自己已經做得夠多了，而那件他不想要的禮物就撞上了我的腳背。我低頭看自己的腳，沒有破皮，尼龍絲襪也完好無損，所以我就把這件事拋諸腦後了。

　　「那天晚上，我花了大約三個小時專注地作畫，然後決定給自己泡杯咖啡。讓我大吃一驚的是，我完全無法控制我的右腳，它腫起了一個大包，腳一用力就痛得不得了。我單腳跳到椅子上坐好，脫下室內拖鞋查看右腳，只見整隻腳紅腫變形，還變成了怪異的紫紅色。我嘗試著用右腳走路，卻發現它只能垂著，我完全無法控制，

看起來只有兩種可能的狀況：滑落的椅子不是撞斷骨頭，就是腳脫臼了。

「『不用猜測是哪種情形了，最好馬上就能處理好。』於是我靜下心來，準備好讓自己融入光中。但讓我不解的是，我的想像力拒絕合作，它只是一個勁地說『不』；這種情況經常發生在我畫畫時。我開始跟它吵：『為什麼不？』但它只會不停說：『不』。最後我放棄了，我說：『你知道我現在很痛，我很努力讓自己不被嚇到。但你是老大，你想做什麼？』答案是：『上床睡覺，回顧這一天發生的事。』所以我說：『好吧，但我得告訴你，如果我的腳到明天早上還沒好，你就是罪魁禍首。』

「等我鋪好床，小心地不讓床單、被褥碰到我的腳之後，我開始回顧這一天發生的事。由於很難把注意力從疼痛的右腳移開，我的進展很慢。我回想這一整天，除了被椅子撞到的意外，沒有發生什麼特別的事。然而，接下來我想起了傍晚時曾經跟一個男人打過照面。在過去幾年中，這個人擺明了不想跟我說話，第一次我還以為他是個失聰人士。我從學生時代就認識他了，但一直只是點頭之交，除了嗨、天氣好不好之類的客套話，沒有多說過什麼。我們的共同朋友跟我保證，我沒做錯過

什麼事，但他卻說他一直都不喜歡我，最後還下結論說
我不值得他多說一句話。因此我跟他打招呼時，他從來
沒回應過我。我發現當時自己還在腹誹：『可憐的傢
伙，他的狀態太糟糕了。我應該做點什麼來改善這種荒
謬的狀況。』於是，我在想像中把場景停在那裡，重溫
並修正當時的情況：我說『嗨！』他回答『嗨！』還對
我微笑。而我現在想著的是『老好人艾德』。我重複想
像了幾次這個情境後，接著進展到下一個事件，隨之結
束了這一天的回顧。

「『現在，我們是要想像我受傷的腳或音樂會？』我的
一個朋友第二天要登台演出，我溫柔地包裝好一份帶著
勇氣與祝福的禮物打算送給她。我一直期待今晚要把禮
物送出去。我的想像力聽起來有點嚴肅，它說：『我們
先想像音樂會吧，比較好玩。』『但在開始之前，我們
能否先想像我完美的腳，好讓我脫離腳痛的狀態呢？』
我懇求著。『當然可以。』

「大功告成，我在想像中的音樂會上度過了愉快的時
光，我的朋友也贏得了全場聽眾的熱烈掌聲。

「這時候，我已經非常睏了，於是一邊在想像中修正，
一邊就慢慢睡著了。第二天早上，當我穿上拖鞋時，腦
海中突然閃過了一個記憶中的畫面：從同一隻拖鞋中抽

出了一隻變色腫脹的腳。我把右腳從拖鞋中抽出來，看著它，除了腳背上被椅子砸中的地方還有一點小痕跡外，其他都完好如初了。『這是一個多麼逼真的夢啊！』我邊想邊換衣服。在等咖啡時，我晃到了繪圖桌旁邊，看到沒有洗的髒畫筆散落在桌子上。『你到底在想什麼，就這樣把畫筆留在桌上？』『你不記得了嗎？因為你的腳受傷了。』所以那不是一場夢，而是一次美好的療癒。」

修正的藝術，讓她贏得了用強迫方式永遠都無法取得的勝利。

「在天堂，生活的唯一藝術就是遺忘與寬恕，女性尤其如此。」

——威廉·布萊克

我們的生活不應該是它表面所見的樣子，而是要跟隨這位藝術家的視角，在所有心智中都埋藏著對完美世界的憧憬，它們深深埋藏著，等待著我們去修正的這一天。

「當我們只用眼睛看，就會被引導著去相信謊言。」

——威廉‧布萊克

這一天的修正版，讓她原先認為真實的事物已不再真實，反而像是一場夢，無聲無息地消失了。

你可以藉由修正，讓每一天都合乎你的心意。當你在想像中體驗修正版本的言行後，不僅可以改變生活事件的走向，還可以將所有的不和諧變成和諧。發現這個修正祕密的人，除了讓愛來引導自己，別無他法。多做幾次練習後，你的效率會逐漸提升。修正，是讓事物回歸正途、找到適當力量的方法。「不要以惡報惡」（Resist not evil），因為所有激烈的衝突都會導致個性特質的交換。

「人若知道行善卻不去行，這就是他的罪了。」

——《雅各書》4:17

要知道真相，你必須活在真相中；要活在真相中，你內在的行動必須符合你落實願望的外在行動。期待與渴望必須合而為一，你的外在世界是你內在活動的具體顯現。對於修正法則的無知，使得那些選擇衝突的人永遠無法贏得勝利。

唯有理想化的概念，才能用來描述真理。你理想中的

人，就是他最真實的自我。因為我相信，凡事只要經過最深刻的想像，在現實中就是最直接且真實的；因此我要求你活得有想像力，去思考並親身體驗這句超然物外的話語：「基督在你們心裡成了有榮耀的盼望。」（《歌羅西書》1:27）

　　別責怪，解決就好。你所面對的人與地球或許不是最美好的，但你可以透過修正藝術的練習，使之變成天堂。「別責怪，解決就好」這個真理，只能靠你的經驗來驗證。試著去修正每一天，能擁有最美好的果實，要歸功於這把修正現實的修枝剪。

第 7 章

凡事都有可能

電視談話的逐字稿，*1955 年*

一九五〇年代中期，內維爾在洛杉磯主持自己的電視節目（以及廣播節目）。在一九七一年的一場演講中，內維爾被問及他的電視節目，他的回答如下：

> 我在洛杉磯的十一頻道（Channel 11）拍攝了二十
> 六集節目，已播出十三集，後來我休息了大約三個
> 月，又回去做了另外十三集；所以，總共有二十六
> 集、每集半小時的節目。我在節目上所做的事，就
> 跟我現在所做的事一樣：他們給我一張講台，我就
> 坐在桌前即興發揮。沒有任何提示通知我要上場
> 了，當他們開始拍攝時，我只要坐在桌子前，不用
> 上上下下講台，現場也沒有導演，攝影機只需要朝

著我的方向推近，等我說完後，鏡頭就逐漸淡出，
切換到跟著我的那部攝影機。但這個節目得到了廣
大迴響，我收到了許多郵件。就我所做的事而言，
這個節目可說相當成功，但他們還是無法用來賣香
水。節目組告訴我，每週日下午兩點到兩點半的時
段，收看節目的觀眾超過了三十萬人，收視調查是
這樣說的……當時，這些節目都是現場播出的，不
是播放預錄帶，而且錄影帶也是後來才出現的。所
以，那些東西現在都成回憶了。

很遺憾的，內維爾的節目沒有留下任何錄製的視覺資
料。以下收錄的文字來自其中一集節目，極有可能是唯
一的一份錄音逐字稿，相當珍貴。由於留下的錄音檔案
品質不穩定，有幾處我擅自做了些補充。

——米奇·霍羅威茨

　　仔細聽這個來自《約書亞記》（*Joshua*）第一章第三節的故事，它是這麼說的：「凡你們腳掌所踏之地，我都賜給你們了。」你信了嗎？我知道這是真的，也已經證明了。這個故事不是講給外在的你聽的，而是給內在的你聽的；大部分的人甚至沒有意識到有一個內在的自己，一個真正的你。

　　新約是這麼描述的：「屬血氣的人不領會神聖靈的事，反倒以為愚拙，並且不能知道，因為這些事唯有屬靈的人才能看透。」（《哥林多前書》2:14）經文告訴我們，頭一個人（即外在的人）是出於地，第二個人（內在的人）是出於天。我引用的這段話出自《約書亞記》；約書亞即希臘文的耶穌，含意一樣，字面意思也相同。而《聖經》中所有的應許，都是對那個內在的人說的，也就是第二個人、出於天的人，不是那個外在的人。外在的人被感官本質所限制、束縛，只有感官所允許、所支配的事物才能感知得到；相反的，內在的人沒有任何限制，也就是「凡你們腳掌所踏之地，我都賜給你們了」。

　　現在，讓我來告訴你怎麼做。我曾經面臨了一個大問題，在我自己及我的目標之間橫亙著一道不可逾越的障礙。整個戰爭期間，我都沒有見到巴貝多的家人，所以戰爭一結束，我就帶著我的小家庭搭上從紐約出發前往西印度群島的第一艘船。我們搭船去了千里達，再從那裡飛到巴貝多。抵

達後，我哥哥問我打算何時回美國；那時是一月三十日，這麼多年後才剛返回家鄉的我，想多停留些時日，我想或許待到四月底，五月一日再回美國。

然後，他對我說：「你在美國時，一定早安排好回程了吧。」我說：「我沒有。」他說：「內維爾，你怎麼能就這樣離開美國，那可是全世界的首都呢，一切應有盡有，尤其是紐約市。如果你要安排行程，當然應該在紐約就辦好。你知道巴貝多上有多少人等著要去美國？成千上萬，真的毫不誇張。小小的巴貝多島什麼也沒有，只有兩艘船在水域上航行：一艘載著一百二十名乘客駛離波士頓，另一艘僅載著六十名乘客離開紐約。我知道的情況是，所有的船位及所有可載人的空間，從現在一直到九月都已經被訂滿了，而現在才一月而已。不僅是船位被訂滿，事實上還有成千上萬的人排在候補名單上。如果你們一家四口現在要訂船位，鐵定會排在候補名單的最後面；這樣一來，你可能要兩年後才能離開這裡。」

我當時沒有告訴他以下我將要講的事，因為他不了解或說不熟悉這個技巧，告訴他只會徒增困擾。我也沒有預定船票，只是把名字放到候補名單的最後面。當時是一月，我在巴貝多島度假，想在五月一日左右回紐約，時間還久，所以我不擔心因為買不到船票而破壞假期；而且我自有打算。

　　到了三月底的某一天，我看到前往紐約的船離開了港灣，於是在腦海中描繪出一幅栩栩如生的景象。那天，我在用完午餐回到旅館房間後，就坐在舒適的椅子上，這就是我所做的事。我知道，如果內在的我執行了某個行動，那麼外在的我就不得不去重複這個行動。這是因為當內在自我的行動，與外在自我為了滿足渴望而採取的行動一致時，那個渴望就必定會實現。因此，我會讓腦海中的景象盡可能生動逼真，並想像當我登上那艘船時，會看到什麼、會做什麼，還有會聽見什麼。

　　我知道要搭上那艘船，有件事我一定得做。巴貝多當時沒有深水港，所有乘客都必須從港口先搭小船，再登上停在一英里外海的大船上，然後小船會被拴在大船旁邊，把跳板放下後，乘客就可走跳板登上大船。如果我要搭上那艘船，這是我必須執行的動作。我可以像旁觀者一樣去執行這個動作，但這與真正身歷其境的感受完全不同。此外，面對這樣一個情境，我必須真的能感受到那些複雜的情緒：一方面我要離開一個久別重逢的美好大家庭，回到我在紐約的溫馨小屋；另一方面我很高興能夠順利搭上船回家，但也為了離開親人而悲傷。所以我感受到的情緒將會百味雜陳、悲喜交加。就像先知所言：「用快樂與悲傷織成神聖心靈的衣裳。」[1]

　　我完全了解他的意思：這是把兩種不同的情緒混合成一

種又喜又悲的情感體驗。於是，我腦海中浮現出我必須去做
的事，當時我就像現在這樣坐在椅子上；先是誘發一種如夢
境般的狀態。這樣的狀態其來有自，《約伯記》告訴我們：
「人躺在床上沉睡時，神就用夢和夜間的異象，開通他們的
耳朵，將當受的教訓印在他們心上。」是的，我知道那個會
將教訓刻印在我心上的神，就在我之內，因為神在人之內，
而非人之外。神就在你之內。因此，在我之內者必定是自己
那個美妙的「**我是**」（I AM），也就是在每個人之內的
神──人的意識；而那個內在的人，是神的獨生子，指的就
是我的想像力。坐在椅子上的我，陷入一種昏沉的狀態，那
是一種即將入睡、如夢似幻的催眠狀態。要注意的是，你只
能將這種狀態誘發到某種程度，不能過猶不及，太過了就會
睡著，然後注意力就會失控，無法繼續集中在你所渴望做成
的事情上。而且，這種狀態必須是在你的控制之下，而不是
由他人來操控。因此，我必須自己誘發這種昏昏欲睡的狀
態，但只能做到某種程度，在我即將睡著之前必須抓住這樣
的狀態。

　　你可以把意識比成海洋或潮汐，有漲潮也有退潮。退潮

---

1 編按：出自威廉‧布萊克寫於一八〇三年的詩作《純真的預言》（*Auguries
　of Innocence*），內維爾所說的先知也是指布萊克。

時，就是我的身體機能正在運作的時候，我清楚知道自己在
工作室的哪個位置，也知道自己正在做什麼。漲潮完全是不
同的狀態，我不知道自己在做什麼，也就是睡眠時的無意識
狀態。但是，介於這兩個極端之間的狀態（睡眠時的無意識
漲潮，以及身體機能都在運作的退潮），有各種可能的中間
狀態；而我想要的是一種快睡著的狀態，我之所以會用漲潮
來譬喻，是因為我想到高潮可以多輕易地讓人脫離感官的限
制，把受困已久的感官從枷鎖中解放出來。

　　那時的我就被困在自己的感官中，因為他們告訴我，我
無法離開島上。我從兄弟、父親那裡聽到這些消息，他們也
一再證實我的感覺；在這裡，我被困在感官的枷鎖中了。但
我知道，我可以擺脫他們一再告訴我的消息，擺脫那個外在
的我至今為止的所有認知，以及擺脫身體機能告訴我的一
切，確確實實地搭船回到紐約的家。因此我要做的，就是去
執行一項可以暗示我回到紐約的行動。我清楚地意識到了這
一點，然後在舒適的椅子上坐下來，誘導自己進入一種如夢
境般的昏昏欲睡狀態，並且趁著注意力還未飄走之前，開始
集中想像這個行動。我是這樣做的：我想像自己真的走上了
那塊跳板，接著走到甲板上，握住船舷的欄杆，此時我回過
頭可以看到家鄉的橋鎮港（Bridgetown），並生出一股悲傷
的離情別緒，同時還攙雜著幾絲甜蜜，因為我很高興要啟程

返家了。

　　我想像自己踏上跳板，然後一步一步地走過跳板，這個過程要盡可能做到逼真與自然。每一步我都走得很堅定，並且盡可能讓所有感官都動起來。當我走上這塊想像的跳板時，我意識自己開始失神了，注意力逐漸從我的任務飄走。我會發現這一點，是因為我給自己設定了一個任務：走在踏板時要扶著兩邊的繩索。接著，我發現自己完全消失，人已經不在船上了。當我意識到自己的注意力飄離了目標，我把自己帶了回來，重新從跳板的第一步走起，一遍遍地重複這個過程，直到它能夠逼真到彷彿身歷其境為止。當我的動作看起來正常、自然又真實時，就知道自己確實做對了。所以，我必須不斷練習，反覆走上跳板，一直到我睡了過去。

　　這時是星期四下午，大概是兩點半到三點之間。第二天上午十點三十五分，美國鋁業輪船公司（Alcoa Steamship Company）就打電話過來，通知我拿到了下一趟航程的船位；四月二十一日開船，五月一日就能回到紐約。

　　這是我的親身經驗，所以我知道確實可以做到，「凡你們腳掌所踏之地，我都賜給你們了」。現在設想一下，如果你擁有了渴望得到的東西之後，你會做什麼事；然後，開始去想像這件事，直到它生動逼真得讓你可以去看、去做的程度，然後一遍遍地反覆這個過程，直到這件事對你來說就像

是真實的存在。當你在昏昏欲睡的狀態下去做這件事時，要讓自己在過程中逐漸進入更深沉的睡眠。然後，等你在第二天或五分鐘之後醒來時（我是過了大約半個小時醒來），你已經在內心排練好即將發生的事了。

所有相關的角色，包括輪船代表、船上各司其職的所有人，都是我夢中的旁觀者。為了讓我的夢變得更逼真，他們必須出現在船上，因此他們就跟我的夢產生了關聯性；也因為如此，他們被吸引到我所想像的劇情中，各自出演他們的角色。我沒有船長的名字、服務員的名字，或是船上任何乘客的名字，我不擔心事情會如何發生，因為我知道它一定會發生。結果不到二十四小時，我就如願地確認了我的航程。外在的那個我無法做到的事，內在的那個我卻做到了，而這只是基於一個簡單的原則：當內在自我的行動與外在自我為了實現夢想或滿足渴望而必須採取的行動一致時，該行動就勢必會在這個外在世界被完成。我清楚知道這條法則是真的。

回到紐約後，當我在紐約市政廳（Town Hall）演講時就提到了這次的經驗。一位出席者表示（不是對著我說）：「我要證明這條法則是錯的，今天晚上我要親自試一試。」於是，他真的這麼做了。他有好幾年沒爬過梯子了，因為沒有什麼機會需要他去做這件事；那天晚上他想起了這件事，並確定自己不會有機會爬梯子，所以決定去想像這件事。他

在舒適的椅子上坐下來，想像有一把梯子，然後一級一級爬上去。他一遍遍地爬梯子，直到他在爬梯子的動作中酣然入睡。四天後，他出門拜訪一位數年不見的老朋友，對方問他是否能爬上梯子幫她重新調整一幅畫。當時他沒有意識到什麼，直到他爬上梯子後才赫然醒悟。當他想到自己竟然證明了這條法則時，情緒非常激動，差點從梯子上跌落下來。

　　現在，你不要想著要推翻這條法則，也不要帶著疑惑地爬上梯子。因為你為了推翻所做的嘗試，會反過頭來證明它是真的。相反的，你真正要做的，是讓自己進入一種眼界更高、更崇高的狀態，無論你是誰，都可以成為一個很棒的男人或女人。你要去建構一齣小戲劇，暗示著夢想得到實現，並且一遍遍地演練，直到每一個情境都變得自然又真實。我可以向你保證，「凡你們腳掌所踏之地，我都賜給你們了」。

　　等廣告時間過後，我會回來告訴你們一個小插曲，那是目前為止我能告訴你們的一個最有趣的案例。

＊　＊　＊

　　正如我先前所說的，如果有某個行動是必要的，你必須去求助內在的那個你，內在的你一定使命必達。我要說的這個故事發生在舊金山，我的聽眾中有個失明的女孩，她面臨了一個問題。雖然她失明了，但收入相當不錯。因為最近巴

士改道，她光是一趟路程就要花兩個半小時、換三輛公車。
她看不見——多年前，因病摘除了眼球，當你細看她的眼睛
時，會發現她的眼珠是小小的塑膠珠子。

　　所以她面對的問題是，當她下公車後，必須在原地等
著，希望有好心的路人幫助她過馬路，好去轉搭下一輛公
車。如此過了兩個星期，她發現自己無法在兩個半小時之內
到達工作地點，而以前她只需要花十五分鐘搭一輛公車就
行。於是，有一天晚上她坐在客廳，研究了一下搭計程車的
可行性，發現這完全不現實；接著她考慮是否退掉公寓，改
租其他地方……她快速考慮了所能想到的方法，發現全都窒
礙難行。最後她得出的結論是，從她的公寓到工作地點，搭
一輛車子來回是唯一的解決方法。但是，她的殘疾讓她無法
自己開車，而她也負擔不起請司機接送。

　　所以，她決定試試我的方法。她坐在客廳裡一把舒服的
好椅子上，假裝自己正坐在一輛車子的前座，她還感覺到坐
在她身旁的是個男人。然後，她感覺到車子行駛的節奏，也
聞到了汽油味，她能感覺到車子在往前移動。接下來，她感
覺到車子停了下來，她想是因為遇上紅燈了，過沒多久，車
子又繼續往前行駛，終於來到了她工作的地方。這時，她轉
頭向身邊的人說：「謝謝你，先生。」對方回答她：「這是
我的榮幸。」她下車，想像自己用力關上車門時，聽到發出

咔嗒的關門聲。然後，她走在木板走道上來到了她的辦公室。第二天晚上，她又把整個過程想像了一遍又一遍，直到她感覺到就像是真的坐在車子裡一樣，真的看見自己所坐的車子駛過了舊金山街道，停在辦公室的建築前面，也看到自己下車、跟司機道謝，然後轉身走上通往辦公室的那個斜坡。

這天晚上，就在她完成這個想像過程並賦予它現實感之後，陪伴她的人為她讀了晚報。晚報上有一張照片，是一個關心盲人福祉的男人。她聽了那篇文章的內容之後，決定打電話給這個人，於是她從電話簿找出這個人的姓名與號碼，然後打給了對方。這個男人表示，就像報紙所寫的，他確實很關心盲人，但他現在沒時間講電話，打電話給他也不方便，如果她能夠寫一封詳細的信給他，說明她的問題為何，那麼他會考慮提供協助。於是她就寫了一封信給他，說明她的問題——一個通勤上的小問題。

第二天，這個男人收到了她的信，他讀完後把信放進口袋。在回家的路上，他照例先去了酒吧。他認識這家酒吧的老闆，點了一杯馬丁尼或他習慣喝的酒。喝著喝著，他開始說起了那個失明女孩的故事。當時酒吧裡有一位素未謀面的陌生男人曾經是某家酒廠的外務員，他在旁邊聽了這個故事後，說道：「我現在生活無虞，想要為這個社區做些事。你說的這個女孩不僅可以自立謀生，不靠納稅人來養她，而且

信中還說，她正在訓練其他九個盲人的謀生能力。這個應該由納稅人來養活的女孩，不但能夠賺錢養自己，還教導其他盲人如何賺錢養自己。而我生活過得不錯，卻沒為社會做過任何事。所以，就讓我開車載這個女孩上下班吧。」

收到信的男人說道：「太好了，如果連你這個陌生人都願意開車載她去上班，那麼我這個自詡關心盲人的人，更應該把它當成自己的事來做。所以，我負責在她下班時開車載她回家。就這麼說定了。」這是將近三年前發生的事了。六個月前當我見到那個女孩時，她告訴我每個工作天，她的兩名司機從來沒有放過她鴿子：一位載她去上班，另一位載她回家。此外，當中還發生了一件不可思議的事。第一天她下車時，她轉頭對送她去上班的那個前外務員說：「謝謝你，先生。」對方回答：「這是我的榮幸。」他所說的話一字不差，正是她在想像的場景中為了讓事情更逼真，讓那個司機說出的話。

這個女孩只做了兩天這樣的想像，因為第三天就真的有人載她去上班了。我要告訴你的是，如果她做得到，如果我做得到，那麼你也做得到。我已經做過了許多次，也把這個簡單的技巧教給其他人。你必須學著去相信內在的那個你，也要相信那個你看不到的實相。肉眼看不見的世界並非不存在，對想像來說，那才是最真實的世界。內在的那個你，遠

遠比你緊抓不放、思慮太多的那個外在的你更為真實。去試一試，這些想像行動從來不會無功而返。每當內在自我的行動與外在自我為了滿足渴望而必須採取的行動一致時，你的渴望就會被滿足。

　　這個美好的世界，只不過是為了滿足我們的渴望而構築：我們之所以建造它，是為了落實我們的願望。你生活在這個世界，有強烈的渴望，也有美好的期盼，或許是工作方面，或許是收入方面，或許是想為關係緊繃的家庭帶來更和諧的氛圍。無論是什麼，你都可以設想一個內在行動，用來實現你的夢想，然後在你的內心一遍遍地重複演練，讓它越來越有真實感。等到對你來說，事情看起來發生得很自然時，你就可以安然入睡了。我相信，只要你沒有在中途睡著，就會有相當的效果；否則，它似乎會以某種奇怪的方式阻止想像成真。當然，你不必真的睡著，但我的親身經驗發現，如果我能在執行這個暗示法時睡著，我就可以迅速地塌陷時間。

　　在巴貝多，我用了不到一天的時間就拿到了船位——雖然這艘船二十一天才出航一次。儘管如此，我知道我會搭上那艘船，我有確鑿的證據，因為我拿到了船票。那個女孩用了大概兩天的時間，到了第三天就有司機接她上下班，但她真正啟動想像行動也只花了兩個晚上的時間：她兩個晚上都

坐在客廳，假裝自己正坐在車子上，還聞到了汽油味。想像時要全神貫注，你可以設想你看到了某個景象、聞到了某種氣味，以及有如實質的觸感。我現在把手放在這本書上，想像我正在撫弄某個不存在這裡、沒有人看得見的東西，我沉浸在其中，讓這件事變得自然又逼真。如果我在想像中一直重複做這件事，嫻熟到做起來很理所當然，並且在過程中酣然入睡，你不認為它會成為我的感知嗎？每個人活在這個世界上，都應該如此生活，現在是，未來也是。

因此，不要為了生存去竊取不屬於你的東西，靠著這個技巧你不需要去竊取也能活下去，你必須置之死地而後生；意思就是你要放下並丟掉那些被你概念化的東西，然後想像自己是另一種狀態。當你看到自己正處於渴望被滿足的狀態時，就會在那種狀態下入睡。如此一來，你就會了解這段話的智慧：「人躺在床上沉睡的時候，神就用夢和夜間的異象開通他們的耳朵，將當受的教訓印在他們心上。」

我們在晚上排練白天在外面世界時所扮演的角色，我們將要做的所有一切，都是出於內心難以抗拒的衝動；因為，這種內在行動就是讓外在事件得以顯化成形的力量。

如果你了解到這一點，那就要起而行。等你真正去做，我可以保證，你必會得到結果。但是，你必須懂得如何運用，這點非常重要。這個世界的每個人，都必須學會如何靠

著想像力而活，而且唯有當你靠想像力而活時，你才算真正
活著。在《覺醒的想像力》這本書中，你可以找到那個失明
女孩的故事。讀過她的故事後學著去運用，讓自己成為你想
成為的那種男人或女人；記住，你可以成為這個世界上任何
你想要成為的人。如果你知道這些美好的承諾，你要接受它
們、試驗它們。我邀請你來試一試。「以此試試我，是否為
你們敞開天上的窗戶，傾福與你們，甚至無處可容。」
（《瑪拉基書》3:10）

　　內在的那個你可以設想出種種不可能的狀態、不可能的
事，對內在的那個你來說，凡事皆有可能。

　　稍待片刻，我將回來分享今天的心得。

　　今天要提醒大家的是：凡你們腳掌所踏之地，都賜給你
們了。

　　再見，謝謝各位。

第 **8** 章

擺脫固有的局限，
一次次蛻變

出自《稼穡》篇章，*1956* 年

《稼穡》（*Seedtime and Harvest*）是內維爾對《聖經》
經文所做的最詳盡分析之一，這一章的內容是根據《馬
太福音》第十章第十六節耶穌教導門徒所說的話。耶
穌告訴門徒，在傳播他的話語時如何保護自身的安全：
「你們要靈巧像蛇，馴良像鴿子。」雖然內維爾在文章
中沒有明說，但應該同意基督所表示的，創造力是內在
世界的一部分，而當你的心智在鍛鍊創造力之際，外在
仍然要保持靜默與平靜，強扭的瓜不甜，在適當時機還
沒到來之前，不要倉促地迫使渴望的結果出現。

——米奇·霍羅威茨

「所以你們要靈巧像蛇，馴良像鴿子。」

——《馬太福音》10:16

　　蛇能使部分的自己骨化為皮膚，這種能力加上在成長過程中不斷蛻皮的技巧，使人類將這種爬行動物視為不斷成長與自我繁殖力的象徵。因此，世人要學習「靈巧像蛇」，也要從蛇蛻一事領悟出一些道理，也就是如何擺脫環境的限制及僵化的自我；人必須學習如何「解開他，讓他走」（《約翰福音》11:44），學習如何「脫去舊人及舊人的行為」（《歌羅西書》3:9）……如何讓舊的自我死去，卻知道他會像蛇一樣「不一定死」。

　　世人尚未認識到，肉身之外的所有一切也是自己的一部分；周遭的世界與生活上的所有境況，全都是內在意識狀態的外在映射。一旦明白了這個真相，就不再會做徒勞無功的困獸之鬥，而是像蛇一樣，蛻除舊的自我，生成一個新環境。

「人是不朽的，所以必須不斷死去。因為生命充滿了創意，只有在不斷變化的形式中，才能找到自己。」

——泰戈爾

　　在古代，人們會把蛇視為寶藏或財富的守護者。《聖

經》說要「靈巧像蛇」，是在勸告世人要喚醒自己的精微身
（即想像力）的力量；「像蛇」意指可以不斷長大、不斷突
破，而且似死而未死，僅僅從這樣的死亡與復活中，蛻去舊
的自我、披上新的自我，就能實現夢想並找到寶藏。「耶和
華神所造的，唯有蛇比田野一切的活物更狡猾……」（《創
世紀》3:1）但想像力比耶和華在天上所造的任何活物更為
狡猾，想像力就是這樣的受造之物：

> 「……因為受造之物屈服在虛空之下，不是自己願意，
> 而是因那使它屈服的叫他如此……我們得救時就存著這
> 盼望；但是看得見的盼望不是盼望，因為誰會盼望自己
> 看見的呢？但我們若盼望那所不見的，就必忍耐等候。」
>
> ——《羅馬書》8:20, 24, 25

外在的那個你（或稱「屬氣血」的人），感官與周遭環
境緊密相連；而內在的那個你（或稱屬靈的人），想像力與
周遭環境的關係卻不是如此。如果這種環環相扣的關係已經
形成，那麼要「靈巧像蛇」就只是空口說白話而已。如果你
跟周遭的環境已經緊密到分不開，將無法從感官的所見所聞
中抽離注意力，也無法產生融入渴望已被實現的那種感覺之
中，只能希望那不可見的狀態逐漸凝固成形，為你帶來一個

新的環境。然而：

「若有血氣的身體，也必有靈性的身體。」

——《哥林多前書》15:44

　　想像力所寓居的靈性身體，與周遭環境是不相連的，可以從血氣身體的感官及周遭環境抽離出來，想像自己已成為想要成為的那種人。如果靈性身體能始終忠於這樣的願景，保持堅定的信心，那麼想像力將會為這個人的生命建立起一個新環境。下面這段話即為此意：

「……我去原是為你們預備地方。我若去為你們預備了地方，就必再來接你們到我那裡去，我在那裡，叫你們也在那裡。」

——《約翰福音》14:2, 3

　　為你們預備的地方，未必是空間中的某個所在，也可以是健康、財富、友誼，或是任何你在這世上所渴望的東西。那麼，這個地方要如何預備呢？

　　首先，你必須盡可能地建構出一個逼真的場景，彷彿身歷其境般地出現在這個場景中，可以在其中四處走動，可以

自然地去看去聽，以及去做想做的事。你的身體要保持靜止不動，想像你這個人確實就在那個「地方」，看到你會在那個場景中看到的、聽見你會在那個場景中聽到的，以及去做你會在那個場景中做的事。你必須一遍遍地反覆這樣的想像，直到你所想像的情景生動逼真到像是已經發生一樣。一旦那個場景感覺起來很自然，代表這個「地方」已經為你的外在自我（或者說物質自我）準備好一個新環境了。現在，你可以睜開眼睛，回到原來的現實世界。準備好的那個「地方」，原本只存在於你的想像之中，但現在將會出現在你的現實之中。

至於那個想像的場景要如何被體現出來，不是屬血氣的身體（亦即外在的那個你）要關心的事。靈性的身體（亦即內在的那個你）在從想像的場景回到原本的現實世界時，你就建立起了一座隱形的橋梁，把這兩個不同世界連結起來。雖然你睜開眼睛回到熟悉的舊環境時，身歷其境的奇異感受以及對那個場景的真實感會消失無蹤，但那種雙重認同的感受仍然會縈繞在你心頭，於是你知道「若有血氣的身體，也必有靈性的身體」。因此當你這個屬血氣的人有了這樣的經驗後，必定自然而然地走過橋梁，一步步讓那個預備好、不可見的場景成為現實。

人有兩種截然不同的身體：既有血氣的身體，又有靈性

的身體。想像中的那個你存在於未來的狀態，他可以透過一座連結起未來與現在的橋梁回到現在，這個概念顯然強烈挑戰了傳統對人類屬性、因果及現象本質的普遍觀點，因此需要我們鼓起勇氣去推翻目前對人類屬性、空間、時間及物質等舊有觀念。

不管是有意或無意，透過想像自己進入這些心智建構的場景，來主動決定未來人生的境遇，這樣的概念會推演出一個結論：這看似牢不可破的堅實世界，只不過是心智的建構物。乍聽之下，我們的常識一定會立即駁斥；然而，歷史告訴我們，通常一開始被常識駁斥的大部分想法，到後來人們都不得不接受。這類被扣帽子、最後逆轉的歷史事件比比皆是，也因此哲學家懷海德（Alfred North Whitehead）教授才會有感而發地寫道：「天知道，今天看來是胡言亂語的東西，明天會不會被證明是真理呢？」

在人們內在沉睡的創造力，必須被喚醒。

「你這睡著的人當醒過來，從死裡復活。」
——《以弗所書》（*Ephesians*）5:14

從沉睡中醒來後，你會發現外在世界是造成你人生境遇的原因。你要從死寂的過去復活，創造出一個新環境。

「豈不知你們是神的殿，神的靈住在你們裡頭嗎？」

——《哥林多前書》3:16

　　神的靈住在你裡頭，指的就是你的想像力；但它一直都在沉睡，需要被喚醒，好把你從被困很久的感官枷鎖中解放出來。

　　當你變得「靈巧像蛇」，朝著你敞開的無限可能性是不可估量的。你可以選擇想要體驗的理想情境，以及想要生活的理想環境。在想像中一遍遍體驗這些情景，直到它們產生生動逼真的臨場感；你可以把它們具體化，就像蛇把牠的新皮具體化一樣。隨著你的成長，你也可以像「蛇蛻下光滑斑斕的外皮」一樣，輕而易舉地汰舊換新。整個創造的目的是擁有一個更豐盛的人生，一個無法藉由死亡與復活來保有的人生。

　　神渴望形體，所以祂成了人；對我們來說，從祂造物所做的工來認識祂的靈是不夠的，我們必須從祂所造的物來看見祂的工並揭示祂的好。不斷成長會讓我們一再突破現有的形式，而且永不停止。

「祂帶領我們穿越正在擴展的歡樂之屋，前往悸動狂喜
的終點。而那終點卻逐漸遠去，因為祂的觸摸是無限
的，讓所有的終點往更遠處延伸。」

——喬治・梅瑞狄斯（George Meredith）

《榮光讚美詩》（*Hymn to Colour*）

「我若從地上被舉起來，就要吸引萬人來歸我。」

——《約翰福音》12:32

　　如果我從感官所得到的訊息被舉起來，超越這些感官限
制，進入我所渴望實現的意識狀態，並一直保持在這樣的狀
態中，直到這個狀態感覺起來很自然，在我周遭也形成這樣
的狀態，並讓所有人都得以看見它。但是，如何說服人們這
是真的呢？這才是問題所在。

　　富於想像的人生才是唯一的人生，假設願望已經實現的
那種滿足感是通往富足人生的唯一途徑，而不是逃避現實的
一種補償方式。從「穿越正在擴展的歡樂之屋」這句話來
看，活在想像的國度，意味著為了要欣賞並享受這個世界，
我們必須活得有想像力，必須勇於想像並堅守夢想，然後成
長並超越這個夢想，而且永不停止。缺乏想像力的人，不願
捨棄他在某個層次上的生命，也無意找到另一個更高層次的

生命，他們不過是羅德的妻子——一根自滿的鹽柱[1]；另一方面，那些拒絕接受神顯化為形體的非屬靈者，以及那些否定道成肉身（incarnation）、與神隔絕的人，對於以下這個偉大的奧祕完全一無所知：「大哉，敬虔的奧祕，就是神在肉身顯現。」（《提摩太前書》3:14）

你的生命只表達了一件事，而且是唯一的一件事，那就是你的意識狀態。所有一切，都取決於你的意識狀態。當你透過想像的媒介而進入某種意識狀態時，那個狀態將會開始披覆上形體。就像蛇會骨化來形成皮膚，那個狀態也會逐漸凝固形成你周遭的事物。然而，你必須忠於那個狀態，對它有信心，不能在各種狀態之間游移不定，你必須守住一個尚不得見的狀態耐心等待，直到它呈現出可見的形體，變成一個客觀的事實。耐心是必要的，而在你第一次成功蛻去舊殼、長出新皮之後，保持耐心就會簡單多了，因為你對此有了新的理解並得到了回報，於是更能耐著性子安心等待。

理解是保持耐心的祕訣，當你看見這個新世界時，就會發自內心的喜悅，關鍵在於你不是只用眼睛看，就像威廉・

---

1 編按：在這則聖經故事中，羅得的妻子在逃難途中，因為放不下曾經擁有的一切，無視天使「往山上走，不要回頭」的警告，結果一回頭就燒成了一根鹽柱。

布萊克所說：「當我們只用眼睛看，就會被引導著去相信謊言。」想像你看到了想看的，並忠於你所看見的。你的想像力將會為它自己創造出一個相對應的形式，使它得以在其中存活下去。

　　想像的力量創造出萬物，而萬物皆始於人的想像。「由內而外」是宇宙的法則，也就是「存乎中，形於外」，外在是內在的映射。世人總是往外在世界追尋所謂的真理，殊不知往內看才是關鍵所在。

> 「真理就在我們之內，無論你相信什麼，它都不會由外在事物中生出。在我們每個人之內，都有一個最深處的中心，在那裡，真理得以圓滿……而且要知道，與其打開一條出路使被囚禁的光輝得以逃逸，不如打開入口迎接一道原本不存在的光芒。」
>
> ——白朗寧（Robert Browning）
> 《巴拉塞爾士》（*Paracelsus*）

　　我想你或許會對下面的例子感興趣，這是一位年輕女子如何蛻下憤恨的舊皮、換上新皮的故事。這個女子的父母在她六歲時分開了，此後她就跟著母親一起生活，很少有機會見到父親。不過每年的聖誕節，她父親都會寄給她一張五美

元的支票，等到她結婚後，支票金額增加為十美元。

在聽完我某次的演講後，她一直想著我說過的「一個人對他人的猜疑，只是反映出自己的不誠實」，於是她坦然面對自己，承認自己一直無法原諒父親。那天晚上，她決定要放下多年的怨恨，並以一種溫柔、美好的感受來取代。她想像自己溫暖地擁抱著父親，並且一遍遍地反覆這個動作，直到她抓住了這個想像的精髓，然後她就帶著滿足的心情酣然入睡。

第二天，她碰巧經過加州一家百貨公司的皮草部門，她認真地考慮是否要買一條新的皮草圍巾，但又覺得自己可能買不起。當時她看上的是一條石貂皮圍巾，她拿起來試戴，感受它的觸感、看看自己圍上後的樣子，最後很捨不得地拿下來還給店員。她告訴自己，她真的買不起這條圍巾。當她要離開時，突然停下腳步開始思索：「內維爾告訴我們，無論我們渴望得到什麼，只要能抓住已經擁有它的感覺，就可以真正擁有。」於是，她開始想像自己圍上那條圍巾的感覺，在接下來的整個購物行程中，她一直享受著圍著這條想像圍巾的那種滿足感。

她從來沒有將這兩次的想像聯想在一起。事實上，她幾乎忘了這些事，直到幾個禮拜後的母親節，她家的門鈴無預期地響起，打開門時，她父親就站在門口。她擁抱著父親，

想起了自己的第一個想像；接著，當她打開父親這麼多年來
送給她的第一份禮物後，她想起了自己的第二個想像，因為
禮盒中裝的就是那條漂亮的石貂皮圍巾。

「你們是神，都是至高者的兒子。」

——《詩篇》82:6

「……所以你們要靈巧像蛇，馴良像鴿子。」

——《馬太福音》10:16

第 9 章

想像的奧祕

黑膠唱片逐字稿，*A 面，1960 年*

如果我想向人推薦內維爾的作品，以簡潔但完整的方式來描述他的觀點與方法，那麼我會選擇這份逐字稿。這是內維爾於一九六〇年錄製的黑膠唱片（A 面）的文字紀錄，簡單扼要地概述了他形而上學的觀點。

——米奇·霍羅威茨

　　或許聽起來很不可思議，但這是真的：我們所生活的這個世界，是一個想像的世界。事實上，生活就是一種想像的活動。我們眼見的一切，雖然看起來像是存在於我們之外，但其實是存在於我們之內，存在於我們的想像之中。在這個生命短暫而有限的世界裡，我們眼睛所見的，不過是一道道影子。

　　任何事物都無法憑藉著自身的力量出現或持續存在。事件之所以會發生，是因為相對穩定的想像活動創造了它們，只要獲得這樣的支持，它們就會持續存在。因此，想像的奧祕可說是最重大的問題，每個人都渴望尋得解答，因為至高無上的力量、至高無上的智慧以及至高無上的喜樂，全都存在於這個大奧祕的答案之中。一旦解開了想像的祕密，會發現因果關係的祕密就是：想像創造了現實。

　　神的想像與人的想像，並非兩種不同的力量，而是同一種力量。兩者之間的有效區別不在於物質實體本身，而在於操作的效力與強度。以高強度來操作時，想像中的活動會馬上變成客觀的事實；以低強度來操作時，想像中的活動要花上一段時間才會被實現。

　　人類的歷史充斥著各種不同的政體、革命、戰爭，以及國家民族的興衰存亡，這些都可以書寫成男人與女人的各種想像活動。不管是男是女，有想像力的人會不斷施展魔法，

而所有缺乏想像力、消極被動的人會不斷流逝，就像力量被
封在魔咒之下。正如威廉・布萊克所相信的，如果想像是唯
一起作用的力量，那麼我們永遠都無法確定，不是某個踩踏
葡萄的女子讓男人的心智開始產生微妙的變化；或是讓大地
染上鮮血的激情，不是始於某個牧童的想像。

　　未來是人類想像活動的創意征途。想像不僅是詩人、藝
術家、演員及演說家創作的力量，也是科學家、發明家、商
人、工匠所具備的創造力。在毫無約束、令人厭惡的影像製
作中，想像力被濫用的現象顯而易見。然而，不當鎮壓又會
產生貧瘠、匱乏的反效果，從而剝奪了一個人可以擁有的豐
富經驗。想像出新穎的方法來解決日趨複雜的問題，遠比壓
制與扼殺渴望高尚得多。生命，就是一直在解決不斷產生的
問題。想像會創造出事件，我們的世界是由人們的想像所創
造出來的，也包括無數相互衝突的信念，因此永遠都不可能
維持著一種穩定或靜止的狀態。今天發生的事，必然會擾亂
昨天已建立起來的秩序。不管男人或女人，只要有想像力就
一定會動搖原本平靜的心境。

　　在你的想像中，堅守住你的理想。除非你無法堅定地去
想像這個理想被實現，否則沒有任何東西可以把它從你的想
像中奪走。同時你也要記住，只想像有價值或前景看好的狀
態。在改變自己的想像之前，就試圖要改變周遭的環境，只

是在跟事物的本質做徒勞的掙扎而已。除非想像先發生改變，否則外在就不會發生任何改變。我們所做的每一件事，如果沒有一起改變想像的內容，只是徒勞無功的微調而已。想像你的願望已經實現，並與你當下的狀態合而為一，在這樣的結合中，我們的作為會與想像保持一致。由此可知，改變想像就能改變行為。然而，當我們只是從一個想像狀態換到另一個想像狀態時，並不能稱為一種轉變；因為每一個狀態都會快速地被另一個相反的狀態所替代。唯有在一個狀態發展到非常穩定，足以成為我們固定不變的心境及習慣性的態度後，這個習以為常的狀態才會成為我們的特質，也才是一次真正的轉變。

　　現在，將你的注意力放在這張唱片的封面設計上。你會注意到有個人坐在公園長凳上，正在想像自己是待在家裡。這就是那些保持清醒地躺在床上，好讓夢想成真的人所擁有的祕密。他們知道如何生活在自己的夢想之屋，直到夢想成真。透過受到控制的清明夢這個媒介，我們可以預先決定未來。活在願望已被實現的感受之中，這樣的想像可以讓我們跨越事件的橋梁、實現夢想。如果我們活在這樣的夢想中，以它為出發點去思考，而非只是想著它，那麼想像的創造力將會回應我們的大膽幻想，願望成真的那一天將會出乎意料地到來。人類就是想像力，因此一個人必須待在自己所想像

的地方，因為他的想像就是自己。

　　最重要的是了解這一點：想像力不是某種與感官綁在一起的東西，也沒有被封閉、禁錮在身體之內。雖然我們是藉著移動物質身體才能在空間中移動，但其實我們的能力不只如此。事實上，藉由改變所意識到的事物，我們就可以移動。雖然眼見為憑，但是我們仍然可以想像一個從未看過的景象；如果有座山阻擋了我們想要的生活，我們隨時都可以把它移走。從事物的現狀轉變到它應該有的狀態，這種心智能力是人類最重要的發現之一，也揭示了人作為想像中心所擁有的干預力量，使我們得以藉由觀察來改變事件的發展，並透過本質、他人和自己的一連串心理轉變，從一次成功走向另一次成功。

　　怎麼做到的？答案是放棄自我（self-abandonment），把現在的自己放下，這就是祕密。我們必須在心理上沉浸在願望已被實現的感受中，沉浸在對於目前這個狀態的喜愛，這樣一來，就可讓自己脫離舊的狀態，活在新的狀態之中。

　　我們無法對不愛的東西做出承諾，所以把自己完全交付出去的祕訣就是信心加上愛。信心是相信不可思議的事，把自己交付給願望已經實現的感受，相信這種自我交付的行為將會成為現實，而它的確會，因為想像會創造現實。

　　想像力既保守又創新。說它保守，是因為想像力是根據

舊有的記憶及感官訊息提供的印象，來建立起它的世界；說它創新、求新求變，是因為它敢做夢、敢幻想。在印象的處理過程中，優先取用的自然是感官印象。儘管如此，當下的感官印象也只是印象，在本質上，與記憶印象或是渴望的印象並無區別。是什麼讓當下的感官印象變得客觀而真實？答案是個人的想像力，你要從想像力的角度去思考；而記憶印象或渴望的印象，個人的想像力並沒有參與其中，而是在外部運作。如果我們能夠走進自己想像的情境中，就像這張唱片的封面一樣，那麼就會知道什麼是有創意的轉變，我們會實現願望，然後變得很快樂。每個想像都可能被體現，但除非我們親自走進這個想像中，並以它的角度來思考，否則這個想像無法在現實中誕生。

因此，期待時間會幫你實現願望，那是極其愚蠢的。願望的實現需要靠想像力幫一把，倘若沒有想像力參與其中，願望顯然不會受到任何影響。想像力是一種靈性知覺（spiritual sensation），進入願望被實現的想像之中，然後整個心理狀態都要表現得如同願望已經成了事實，以此來強化靈性知覺的鮮明感與現實感。

現在，來說說我所謂的靈性知覺。想像你手上拿著一朵玫瑰花，聞聞它的味道，你有聞到玫瑰花的香氣嗎？如果玫瑰不在你手上，為什麼它的香味會飄散在空氣中呢？透過靈

性知覺,也就是透過想像的視覺、聽覺、嗅覺、味覺及觸覺,我們可以讓某個意象變得非常逼真生動;如果我們能夠做到,所有助力都會一起湧現,同心協力地幫助我們收割成果。反覆推敲後我們會發現,引導我們走向目標的線索有多麼微妙,絕對是想都想不出來的,但是想像力卻能用這些方法來讓它自己成為一個現實事件。如果有人渴望擺脫僵化的知覺,渴望將現在的生活變成一個美夢,他只需要去想像:想像他已經成為自己想成為的樣子,然後感受在這種情況下會有什麼感覺。他要像孩子一樣幻想,按照自己的心意去重建一個理想的世界,用純粹的幻想去創造他的世界。他整個心理狀態要進入這個夢想中,讓心智去做在這個狀態下會做的事——如同他的夢想已經成真。他會發現,不是有錢就能實現夢想,能夠實現夢想的是富有想像力的人。

除了事實,沒有什麼能阻擋我們實現夢想,而事實是想像力創造出來的。如果有人能夠改變自己的想像,他就能改變事實。我們與自己的過去是一個連續結構,這個結構包括所有已被封存的事實,以及還在表面心智下運作的事實。對我們來說,這個結構看似無法改變,是一段已經死去、無法挽回的過去;但是對這個結構來說,它是活的,是活生生且正在發生的歷史。我們無法把過去的錯誤拋諸腦後,因為所有發生過的事都無法抹煞;過去發生的事依然存在,並且還

在不斷發酵。我們必須回到自己的記憶，尋找並摧毀有害的根源，不論它們在記憶中藏得有多深，或事情已經發生多久。回到過去，在想像中重演過去的場景，就像第一次發生一樣，然後去進行修正，撤銷有害的結果。改變生命，意味著改變我們的過去；現在諸惡之因，就是那些未被修正的過往事件。過去與現在共同架構了我們這個人，我們隨身攜帶著所有點點滴滴的內容物，而對內容物所做的任何更動，都會改變現在與未來。

要活得高尚，讓心智得以儲存一個值得回憶的過去。如果你不是這樣活著，那就回過頭去進行「修正」。一旦過去被重新創造成為現在，經過修正的過去也會被重新創造成為現在，否則耶和華的承諾：「你們的罪雖像硃紅，必變成雪白。」就會是謊言了。

你可能會有以下的種種疑問：如何去想像比實際更美好的場景，或是如何在心裡重寫一封符合願望的信，或是如何修改某個事故現場，或如何與老闆面試等等，以改變過去那些似乎無法改變的事實。還記得我說過的那些關於想像的要點嗎？想像能創造現實，它所創造的，它也可以使之還原或消失。想像力是保守的，它從記憶中提取舊有的意象來創造生活事件，但想像力也是求新求變的，它可以修正一個已經存在的事件。《聖經》有一則故事是「不義的管家」[1]，恰

好為我們提供這個問題的答案。我們可以善用某種竄改事實的做法來改變我們的世界，也就是說，對我們所經歷過的事件做出某種蓄意的更動，而所有這一切都是在想像中完成的。這種造假不僅不會被譴責、判罪，事實上，在福音的教導中是被認可的。因為透過這樣的謊言，我們可以去摧毀諸惡之因並結交朋友。而憑藉著這樣的修正，不義的管家也從主人那裡獲得讚揚，證明他是一個值得信任的人。

　　因為想像創造現實，所以我們可以把「修正」發揮到極致，去修改原本不可原諒的場景或事件。我們知道一個充滿想像力的人，不等於他能夠進入他所想像的狀態。不義的管家在看到他人的苦惱時，會把他應該被別人看到的樣子表現得淋漓盡致；如果自己有需要，他會像這張唱片封面上的那個人一樣，在想像中進入夢想之屋，想像他將會在這裡看到什麼、這裡的事物看起來會是什麼樣子、這裡的人會如何行事、事情後續會如何發展……然後，他應該抱著在這種情境下自己該有的感覺酣然入睡。

　　但願所有耶和華的子民都是不義的管家，去竄改精神層

---

1 編按：「不義的管家」講的是一位要被辭退的管家，趁著還未卸職的空檔，偷偷跟主人的債務人修改欠條，給他們好處來結交這些人。但主人知道後卻沒有生氣，反而稱讚管家機智及善於把握機會。

面的生命事件，讓個人的期望永遠得以被實現。我們的想像
會不斷改變，直到改變的模式最後終於抵達實現的頂點。我
們的未來，是想像活動的創意征途。想像永遠出乎你意料，
去好好想像一個比現在更美好的未來吧。

第 10 章

不可思議的體驗

黑膠唱片逐字稿，*B* 面，*1960* 年

這是跟上一章同一張黑膠唱片 B 面錄音演講的逐字稿，其中內維爾提到了他「從上頭重生」的神祕經驗[1]，這是關於他親身經歷重生的最早描述之一。他還表示，這是一個等待所有人去經歷的體驗。這個演講代表了內維爾跨越形而上學的門檻，進入越來越強調神祕啟示的後期階段。

——米奇・霍羅威茨

---

1 編按：《約翰福音》第三章提到重生是「從上頭生」（born from above），因為人第一次出生是腹部孕育、由下頭生出來；等到重生時已是屬神的生命，必須由「從上頭出生」（從頭骨出生），因為「人若不重生，就不能見神的國」。

　　我接受「整個世界是一個舞台」的說法，同時，我也相信神扮演了所有的角色。這齣戲的目的是，把被創造的人轉變成創造者，也就是神。神愛祂所創造的人，並把自己也變成人，因為祂相信凡是積極主動、相信自己的人會把被創造者轉變為創造者，也就是把人變成神。

　　這齣戲開始於神被釘於十字架上（神成為人），並以復活（人成為神）作為結束。神變得跟我們一樣，而我們也可能變得跟祂一樣。神成為人，而人可能先成為有靈的活人，然後變成賜予生命的靈（life-giving spirit）。「現在活著的，不再是我，而是神活在我裡面。如今在肉身中活著的我，是因信神的兒子而活的；他愛我，為我捨己。」（《加拉太書》2:20）

　　「神既有人的樣子，就自甘卑微，存心順服，以至於死，且死在十字架上。」（《腓立比書》2:8）神被釘死在各各他（Golgotha），那處有骷髏地之稱。神自己進入死亡之門（即骷髏地），並躺在人的墳墓中，使人成為有靈的活人。神的憐憫把死亡變成睡眠，然後開始了人不可思議的大蛻變：人變成了神。倘若沒有神被釘上十字架的幫助，沒有人可以跨入那道只容許有意識生命進入的門檻。但是現在，我們與神被釘上十字架的自我合而為一。祂以人類神奇的想像力活在我們裡頭，因此人就是想像力，而神就是人，並存

在我們之中，我們也存在祂之中。想像力是人的永恆身體，也就是神自己。當祂在我們之中復活時，我們必要像祂，祂必要像我們。然後，所有的不可能都將在欣喜、亢奮的碰觸下消散，祂在我們裡頭復活將賦予我們本性。

這就是這個世界的祕密：神的死是為了賜人生命，叫人得自由。因為，無論神有多麼清楚地意識到祂所創造之物——以想像力被創造出來的人，並不代表人能同樣清楚地意識到神的存在。為了創造這個奇蹟，神必須先死去，然後再復活為人。再沒有人可以像威廉·布萊克一樣表達得如此透徹，他說（更確切地說，是耶穌說）：「除非我死，否則你們不能活；我若死了，我將再起，你們必與我一起。你會愛一個從未為你而死的人，還是會為一個從未為你而死的人赴死？如果神不為人而死、不為了人而永遠獻出自己，人就不會存在。」

所以，神死去。也就是說，神毫無保留地為了人捨了自己，並且刻意地變成人，而忘了祂是神，只希望祂所創造的人最終可成為神。神為了人捨去自己，以至於祂在人的十字架上大聲喊著：「我的神！我的神！為什麼離棄我？」祂徹底忘記了自己是神。但是，當神復活為人之後，那人對弟兄說：「我們為何站在這裡顫抖著請求神的幫助，難道神沒有住在我們裡頭嗎？」第一個從死裡復活的人被稱為耶穌，成

為睡了之人初熟的果子（《哥林多前書》15:20）。神為人而死；現在，死人復活也是因一人而來。耶穌藉著成為他死去的父，而使他死去的父復活了。神在亞當（泛稱被創造的人）裡沉睡，在耶穌（個人化的神）裡醒來。醒來時，人（被創造者）成了神（創造者），而且可以真正這麼說：「未有世界之前，就有了我。」

正如神因為對人的愛而完全認同了人，以至於忘了自己是神，人也因為對神的愛而完全把自己交付給神，以至於過著神的生活而不是人的生活。神將人變成神的這個劇本，《聖經》已為我們揭露，不管是意象或象徵意義都完全符合。新約被藏在舊約中，而舊約在新約中彰顯。《聖經》是一種願景，而不是某種教義或儀典。舊約告訴我們神的應許，而新約告訴我們的並非這些應許曾經如何被實現，而是它們正在如何被實現。《聖經》的中心主題是直接的、個人的及神祕的生育經驗，先知說到那個孩子：「因有一嬰孩為我們而生，有一子賜給我們，政權必擔在他的肩頭上，他名稱為奇妙策士、全能的神、永在的父、和平的君，他的政權與平安必加增無窮。」（《以賽亞書》9:6-7）

當這個孩子向我們顯現時，我們看到他，體驗到他。對這個顯現的反應可用約伯的話來描述：「我從前風聞有你，現在親眼看見你。」（《約伯記》42:5）化身為肉體的故事

並非用來奴役人類心智的傳說、寓言，或是某種精心設計的公式，而是神祕的事實。這是一種個人的神祕體驗，關於一個人從自己的頭骨中誕生，並以一個裹在襁褓中、躺在地板上的孩子來象徵。聽聞一個孩子從自己的頭骨中誕生（沒有科學家或歷史學家能夠解釋這種誕生），以及確實有過這種誕生的體驗，兩者截然不同。如果是後者，你可以用自己的手抱住，用自己的眼睛看到這個奇蹟之子：一個出生自你頭骨、由上頭重生的孩子，一種違反所有自然法則的誕生。福音書裡記載的這個故事確實發生在人類身上，但生產的日子會發生在哪一天或哪一個小時，除了天父，沒有人知道。「我說：『你們必須重生』，你不要以為稀奇。風隨意吹，你聽見風的響聲，卻不曉得風從哪裡來、往哪裡去。凡從聖靈生的，也是如此。」（《約翰福音》3:7-8）

　　《約翰福音》的這個啟示是真的。以下是我從頭骨重生的親身經驗。就像保羅一樣，我不是從人那裡領受的，也不是我跟人學來的，而是由頭骨重生的真實神祕經驗而來的。除了真正有過這經歷的人，沒有人能說得清楚這種神祕的誕生是怎麼一回事。我不知道「從上頭生」這事竟然是真的，因為在經歷這種體驗之前，有誰能相信這個孩子——這個奇妙策士、全能的神、永在的父、和平的君，會與自己的頭骨交織在一起呢？在經歷這事之前，有誰能理解「造你的是你

的丈夫，萬軍之耶和華是他的名？」（《以賽亞書》54:5）的意思？有誰能相信創造者進入祂所創造的人之中，並知道那就是祂自己，而那個通往人類頭骨（可視為神與人合而為一）的入口，有個孩子從中誕生，這樣的誕生又會為那個人帶來永生，並且永遠與他的創造者合而為一呢？

現在，我要說出那個晚上的經歷，原因不是要將我的想法強行加諸於他人身上，而是要將希望帶給那些像尼哥底母（Nicodemus）[2]的人，他們可能會深感疑惑：人已經老了，如何能重生呢？他如何能再次進入母親的子宮被生出來？這怎麼可能呢？沒錯，這就是發生在我身上的事。

一個有如藝術般的美夢，突然被頭骨底部傳來的一股強烈振動打斷了。當我完全清醒後，像戲劇一樣的神奇經歷就此展開了。我感覺在自己的頭骨中，有某種東西想要找到出路鑽出來。我感覺到自己正頭部朝下地通過頭骨底部往前移動，一寸一寸地把自己擠出去。當我幾乎就要鑽出來時，我抓住了我認為是床腳的東西，然後把剩下的身體從頭骨中拉了出去。我在地板上躺了幾秒鐘，然後起身，看著我躺在床上的身體。我的身體正仰躺著翻滾，臉色蒼白，彷彿正在經

---

2 編按：尼哥底母是猶大人的官，有一天夜裡他來見耶穌時，耶穌跟他講重生的事。當時尼哥底母表示：「人已經老了，如何能重生呢？豈能再進母腹生出來？」

歷一場痛苦折磨。當我看著這具身體時，我心裡想著：「希望它不要從床上掉下來。」我逐漸意識到引發這齣戲的強烈振動，不僅來自我的頭部，也來自房間的一個角落。我察看了角落，猜測這股振動可能是由一陣強勁到撼動窗戶的大風引起。我無法相信，但我感覺得到頭部傳來的振動，似乎與角落那股振動有關。

我又回頭看了看床上，發現我的身體不見了，但在身體原本的位置上坐著我的三位兄長；我的大哥坐在頭的位置，二哥與三哥坐在腳的位置。似乎沒有人知道我的存在，但我可以察覺到他們，而且還可以分辨出他們的想法。我突然意識到一個事實：我是隱形的。我注意到他們也因為來自房間角落的振動而心神不寧，我的三哥最不安，他走到角落去察看到底是什麼東西引起騷動；接著，他的注意力被地板上的某個東西吸引住了，他低頭察看，然後大聲宣布：「是內維爾的孩子。」我另外兩個哥哥難以置信地問道：「內維爾怎麼可能生孩子？」

我哥哥用布把嬰兒包起來，將他放在床上。然後，我用隱形的雙手把孩子抱起來，問道：「我的寶寶還好嗎？」孩子微笑地看著我，接著我就醒來了。回到真實世界中，我反覆思忖在我眾多的神祕經驗中，這一次的經驗算是最神奇的。

接下來，我還要提到另一次的夢境，因為它證實了我所

主張的真相：《聖經》是神祕的事實。在摩西律法（Law of Moses）、預言書及《詩篇》中都提到了「應許之子」（Promised Child），因此這事必然曾在個人的想像中被神祕地體驗過。孩子的出生是一個跡象與徵兆，體驗孩子出生的這個人，他的想像預示了族長的復活。在我這次生子經驗過後的六個月，一種類似的振動又出現在我的頭部，而這一次的強度集中在頭頂。接下來是一次突如其來的爆炸，我發現自己置身在一個簡樸的房間裡，而我的兒子倚靠在一扇打開的門旁，他就是《聖經》中那個知名的少年——大衛，年紀大約十二歲，有著不凡的美貌與身材，給我留下了深刻印象。正如《撒母耳記上》（1 Samuel）的描述，他臉色紅潤、眼神清澈，容貌非常俊美。

　　從頭到尾我都清楚地知道我是內維爾，不是其他人，但同時我也知道，這個少年大衛就是我的兒子，而他也知道我是他的父親。我安靜地坐在那裡凝視著我那個美麗的兒子，然後畫面逐漸淡出，直到我醒了過來。

　　從這些神祕經驗中，我們可以得出什麼結論？在人的想像中，有一個意象之屋，那裡銘刻著舊約中提到的每個族長與人物。當孩子從人的頭骨中誕生（象徵著人從上頭重生）之後，族長們將開始復活，而每一個輪到的人都將顯現為以復活之姿出現的兒子。當所有人都從死裡復活時，得到復活

的人將會知道他自己是以羅欣（Elohim），也就是成為人的
神，以及可以成為神的人。

第 **11** 章

應許
四個神祕經驗

出自《法則與應許》，*1961* 年

《法則與應許》（*The Law and the Promise*）於一九六
一年出版，內維爾在這本書的最後一章，詳述了他從一
九五九年開始所經歷的神祕重生。內維爾描述他在第一
次從頭骨重生後不久，就見到了他的兒子——《聖經》
中提到的少年大衛。內維爾表示，發生在他身上的這些
事件是揭示人類神性的必要啟示，而且所有人都將會經
歷這些。這些神祕經驗揭示了創造的祕密，也就是意識
到自己就是神。

內維爾的另一個神祕啟示超出了本章的時間範圍。一九
六六年，他在《復活》一書的最後一篇文章中，詳述了

這個神祕經驗，描寫基督在地上所行的神蹟，以及聖靈以鴿子形式降臨在人身上，帶來了人與神最完整及最終的結合。內維爾可能在一九六三年一月經歷了這個階段，但他留下來的記載並沒有清楚提到。

——米奇·霍羅威茨

　　到目前為止，關於想像力的一切——除了我學生G.B. 夢境所見的孩童[1]之外——都是在有意識的狀態下運作的。不管男人或女人，都在想像中創造出暗示願望被實現的舞台劇，然後藉著想像他們親身參與了這些戲劇，把自己想像中所暗示的事物創造出來。這可以說是明智地運用了神的法則，只是「沒有一個人靠著律法在神面前稱義」。（《加拉太書》3:11）

　　許多人對於把想像主義（Imaginism）當成一種生活方式深感興趣，但對於它的信念框架——引導我們去實現神的應許，卻絲毫不感興趣。「我必使你的後裔接續你的位……我要作他的父，他要作我的子。」（《撒母耳記下》7:12-14）

　　神應許從我們身上生出後裔，「這等人不是從血氣生的，不是從情欲生的，也不是從人意生的，乃是從神生的。」（《約翰福音 1:13》）但他們並不關心這個應許，而是想知道神的法則。然而，早期的基督徒早已清楚陳述，這種奇蹟般的出生是全人類所必須的，《約翰福音》：「你們

---

1 編按：內維爾提及一則由他的學生所描述的神祕故事：「一張孩子的完美側臉出現在我眼前，他轉過來對著我笑，臉龐閃閃發光，似乎照亮了我的頭部。我興奮得滿臉通紅，心想：『這一定是基督。』但我心中有個聲音說道：『不，這是你。』我覺得自己再也不一樣了，或許有一天我會體驗到『應許』。」

必須重生。」在此，我的目的是再次陳述這種重生，並以這些文字及我個人的神祕經驗表達出來，讓讀者領會到這種「從上頭重生」（born from above），遠非某種可有可無的上層建築（superstructure）[2] 之一部分，而是神創造萬物的唯一目的。

　　具體來說，我記錄這四次神祕經驗的目的，是為了指出「那誠實作見證的、從死裡首先復活的耶穌基督」（《啟示錄》1:5）正是試圖說明這種從上頭出生的重生。「若沒有奉差遣，怎能傳道呢？」（《羅馬書》10:15）

　　多年前，我的靈魂被帶進一個神聖會社（Divine Society），這是一個由神性覺醒的人所組成的團體。儘管聽起來有點奇怪，但眾神確實會一起聚會。當我走進這個會社時，第一個前來歡迎我的神就是無限力量（infinite Might）的化身，祂的力量是凡人聞所未聞的；然後，我被帶去見無限的愛（infinite Love），祂問我：「世界上最偉大的是什麼？」我用保羅的話回答祂：「有信、有望、有愛這三樣，其中最大的是愛。」在那一刻，祂擁抱了我，我們的身體合

---

2 編按：馬克思的社會經濟觀把社會結構分為上下兩層，經濟基礎是「下層建築」（infrastructure），而在此之上的教育、法律、政治、宗教信仰及各種社會意識形式就是上層建築（superstructure）。

而為一。我跟祂交融在一起，像愛自己的靈魂那樣愛祂。「神的愛」這句話往往被當成一句空話，如今卻成了具有重大意義的現實。人類所能想像的任何事物，都無法跟人類與愛合一的感受相比；相較於這種結合，即便是塵世間最親密的關係也像是各自生活在不同的單間裡。

當我處於這種至高無上的欣喜狀態時，一個來自外太空的聲音喊道：「降下藍血！」在這陣突如其來的大爆發中，我發現自己站在第一個來向我致意、化身為無限力量的神面前。祂看進我的雙眼，沒有開口說話，我卻能聽到祂告訴我：「是時候採取行動了。」突然之間，我被飛快帶離那個神聖會社，回到了塵世。雖然有理解上的限制，但我知道在那一天，神聖會社選擇我成為同伴，並且差遣我宣揚基督，也就是神對人類的應許。

我的神祕經驗讓我接受了「世界是一座舞台」的說法，並相信神扮演了所有的角色。至於這齣戲的目的是什麼？把被創造的人變成創造者，也就是神。神愛祂所創造的人，而且自己也變成人，因為祂相信把自己交託出去的行為會把人（被創造者）轉變為神（創造者）。

這齣戲劇開始於神被釘於十字架上（神成為人），並以復活（人成為神）作為結束。神變得跟我們一樣，而我們也可能變得跟祂一樣。神成為人，而人可能先成為有靈的活

人，然後變成「賜予生命的靈」。

「我已經與基督同釘十字架；現在活著的，不再是我，而是基督活在我裡面；並且我如今在肉身活著，是因信神的兒子而活；他愛我，為我捨己。」（《加拉太書》2:20）

神成為人的樣子，「就自甘卑微，存心順服，以至於死，且死在十字架上。」（《腓立比書》2:8）神被釘死在各各他，那裡被稱為骷髏地。神自己進入死亡之門（也就是人的頭骨），並躺在人類的墳墓中，使人成為有靈的活人。神的憐憫把死亡變成睡眠，然後開始了不可思議的大蛻變：人變成了神。

倘若沒有神被釘上十字架的幫助，就沒有人可以跨入有意識生命的大門。但是現在，我們與神被釘上十字架的自我合而為一。祂以人類神奇的想像力活在我們裡頭，因此人就是想像力，而神就是人，並存在我們之中，我們也存在祂之中。想像力是人的永恆身體，也就是神自己。當祂在我們之中復活時，我們必要像祂，祂必要像我們。然後，所有的不可能都將在欣喜、亢奮的碰觸下消散，祂在我們裡頭的復活將賦予我們本性。

這就是這個世界的祕密：神的死是為了賜人生命，並叫人得自由。因為，無論神有多麼清楚地意識到祂所創造之物——以想像力被創造出來的人，並不代表人能同樣清楚地

意識到神的存在。為了創造這個奇蹟，神必須先死去，然後再復活為人。再沒有人可以像威廉・布萊克一樣表達得如此透徹，他說（更確切地說，是耶穌說）：「除非我死，否則你們不能活；我若死了，我將再起，你們必與我一起。你會愛一個從未為你而死的人，還是會為一個從未為你而死的人赴死？如果神不為人而死、不為了人而永遠獻出自己，人就不會存在。」

所以，神死去。也就是說，神毫無保留地為了人捨了自己，並且刻意地變成人，而忘了祂是神，只希望祂所創造的人最終可成為神。神為了人捨去自己，以至於祂在人的十字架上大聲喊著：「我的神！我的神！為什麼離棄我？」祂徹底忘記了自己是神。但是，當神復活為人之後，那人對弟兄說：「我們為何站在這裡顫抖著請求神的幫助，難道神沒有住在我們裡頭嗎？」

「第一個從死裡復活的人被稱為耶穌，成為睡了之人初熟的果子。」（《哥林多前書》15:20）神為人而死；現在，死人復活也是因一人而來；耶穌藉著成為他死去的父，而使他死去的父復活了。神在亞當（泛稱被創造的人）裡沉睡，在耶穌（個人化的神）裡醒來。醒來時，人（被創造者）成了神（創造者），而且可以真正這麼說：「未有世界之前，就有了我。」正如神因為對人的愛而完全認同了人，以至於

忘了自己是神，人也因為對神的愛而完全把自己交付給神，以至於過著神的生活，也就是有想像力的生活。

神將人變成神的這個劇本，《聖經》已為我們揭露，不管是意象或象徵意義都完全符合。新約被藏在舊約中，而舊約在新約中彰顯。《聖經》是對於神的法則與應許的一種願景，用意不在教導歷史，而是引領世人憑著信心通過苦難熔爐的淬鍊來實現神的應許，將世人從沉睡中喚醒，使其覺醒成為神。《聖經》中的人物不是活在過去，而是活在想像的永恆之境。他們是靈魂在永恆靈性狀態的化身，代表人走過永恆死亡並覺醒為永恆生命的旅程。

舊約告訴我們神的應許，而新約告訴我們的並非這些應許曾經如何被實現，而是它們正在如何被實現。《聖經》的中心主題是直接的、個人的及神祕的生育經驗，先知說到那個孩子：「因有一嬰孩為我們而生，有一子賜給我們，政權必擔在他的肩頭上，他名稱為奇妙策士、全能的神、永在的父、和平的君，他的政權與平安必加增無窮。」（《以賽亞書》9:6-7）

當這個孩子向我們顯現時，我們看到他，體驗到他。對這個顯現的反應可用約伯的話來描述：「我從前風聞有你，現在親眼看見你。」（《約伯記》42:5）化身為肉體的故事並非用來奴役人類心智的傳說、寓言，或是某種精心設計的

公式，而是神祕的事實。這是一種個人的神祕體驗，關於一個人從自己的頭骨中誕生，並以一個裹在襁褓中、躺在地板上的孩子來象徵。

聽聞一個孩子從自己的頭骨中誕生（沒有科學家或歷史學家能夠解釋這種誕生），以及確實有過這種誕生的體驗，兩者截然不同。如果是後者，你可以用自己的手抱住，用自己的眼睛看到這個奇蹟之子：一個出生自你頭骨、由上頭重生的孩子，一種違反所有自然法則的誕生。這個問題就如同舊約《耶利米書》（*Jeremiah*）所示：「你們且訪查看看，男人會生孩子嗎？我怎麼看見人人都用手撐腰，像臨產的婦人，臉都發白了呢？」這段經文把希伯來文的 chalat 誤譯為「腰」，其真正意思是抽出、生產或抽離自我。從一個人的頭骨中抽出另一個自己，正是先知所預見的「從上頭生」的必要重生，讓人得以進入神的國度，對最高層次的存在產生反省知覺[3]。「深淵就與深淵響應……求你醒來！主啊，你為何沉睡呢？求你醒來！」（《詩篇》44:23）

福音書裡記載的這個故事確實發生在人類身上，但是生產的日子會發生在哪一天或哪一個小時，除了天父，沒有人

---

3 編按：reflective perception，由感官知覺得來的印象，透過心靈反省後形成「反省知覺」。

知道。「我說：『你們必須重生』，你不要以為稀奇。風隨意吹，你聽見風的響聲，卻不曉得風從哪裡來、往哪裡去；凡從聖靈生的，也是如此。」（《約翰福音》3:7-8）

《約翰福音》的這個啟示是真的。以下是我從頭骨重生的親身經驗。就像保羅一樣，我不是從人那裡領受的，也不是我跟人學來的，而是由頭骨重生的真實神祕經驗而來的。除了真正有過這經歷的人，沒有人能說得清楚這種神祕的誕生是怎麼一回事。我不知道「從上頭生」這事竟然是真的，因為在經歷這種體驗之前，有誰能相信這個孩子──這個奇妙策士、全能的神、永在的父、和平的君，會與自己的頭骨交織在一起呢？在經歷這事之前，有誰能理解「造你的是你的丈夫，萬軍之耶和華是他的名？」（《以賽亞書》54:5）的意思？有誰能相信創造者進入祂所創造的人之中，並知道那就是祂自己，而那個通往人類頭骨（可視為神與人合而為一）的入口，有個孩子從中誕生，這樣的誕生又會為那個人帶來永生，並且永遠與他的創造者合而為一呢？

我要說出那個晚上的經歷，原因不是要將我的想法強行加諸於他人身上，而是要將希望帶給那些像尼哥底母的人，他們可能會深感疑惑：人已經老了，如何能重生呢？他如何能再次進入母親的子宮被生出來？這怎麼可能？沒錯，這就是發生在我身上的事。因此我現在要「把異象寫下，清楚地

記在泥版上，使讀的人容易明白。因為這默示有一定的日期，快要應驗、並不虛謊，雖然遲延，還要等候，因為必然臨到，不再遲延。迦勒底人自高自大，心不正直，然而義人必因信得生。」《哈巴谷書》（*Habakkuk*, 2:2-4）

　　一九五九年七月二十日我在舊金山，凌晨時做了一個有如藝術般的美夢，突然被頭骨底部傳來的一股強烈振動打斷了。接著，一場就像我在完全清醒時所經歷的那樣真實的戲劇開始上演了。我從夢中醒來，發現有個我被牢牢地困在自己的頭骨中，我試著從顱底找出路，有某個東西讓開了，我感覺到自己正頭部朝下地通過頭骨底部往前移動，一寸一寸地把自己擠出去。當我幾乎就要鑽出來時，我抓住了應該是床腳的東西，把剩下的身體從頭骨中拉了出去，然後在地板上躺了幾秒鐘。

　　接著我起身，看著自己躺在床上的身體。我的身體正仰躺著翻滾，臉色蒼白，彷彿正在經歷一場痛苦折磨。我看著這具身體時，我心裡想著：「希望它不要從床上掉下來。」我逐漸意識到引發這齣戲的強烈振動，不僅來自我的頭部，也來自房間的一個角落。當我查看了角落，猜測這股振動可能是由一陣強勁到撼動窗戶的大風引起。我無法相信，但我感覺得到頭部傳來的振動，似乎與角落那股振動有關。

　　我又回頭看了看床上，發現我的身體不見了，但在身體

原本的位置上坐著我的三位兄長；我的大哥坐在頭的位置，二哥與三哥坐在腳的位置。似乎沒有人知道我的存在，但我可以察覺到他們，而且還可以分辨出他們的想法。我突然意識到一個事實：我是隱形的。我注意到他們也因為來自房間角落的那股振動而心神不寧，我的三哥最不安，他走到角落去查看到底是什麼東西引起騷動；接著，他的注意力被地板上的某個東西吸引住了，他低頭探看，然後大聲宣布：「是內維爾的孩子。」我另外兩個哥哥難以置信地問道：「內維爾怎麼可能生孩子？」

我哥哥用布把嬰兒包起來，將他放在床上。然後，我用隱形的雙手把孩子抱起來，問道：「我的寶寶還好嗎？」孩子微笑地看著我，接著我就醒來了。回到真實世界中，我反覆思忖在我眾多的神祕經驗中，這一次的經驗算是最神奇的。

英國桂冠詩人丁尼生（Alfred Tennyson）把死亡描述成一具戰士骸骨：「高高地騎在黑夜般的黑馬背上」，在午夜時現身。但是當加雷斯（Gareth）[4]的劍切開他的頭骨時，裡面卻出現了⋯⋯

　　「⋯⋯一個容光煥發的男孩，臉龐宛如新生的花朵。」

　　　　　　　　——《國王之歌》（*Idylls of the King*）

　　下面我還要描述另外兩次夢境，因為它們證實了我所主張的真相：《聖經》是神祕的事實。在摩西律法、預言書及《詩篇》中都提到了「應許之子」，因此這事必然曾在個人的想像中被神祕地體驗過。孩子的出生是一個跡象與徵兆，預示著大衛（耶和華的受膏者）的復活，耶和華對他說：「你是我的兒子，我今日生你。」（《詩篇》2:7）

　　在我這次生子經歷的五個月後，一九五九年十二月六日早晨，當時我人在洛杉磯，一種類似的振動又出現在我的頭部，而這一次的強度集中在頭頂。接下來是一次突如其來的爆炸，我發現自己置身於一個簡樸的房間裡，而我的兒子倚靠在一扇打開的門旁，他就是《聖經》中那個知名的少年──大衛，一個十多歲的男孩，有著不凡的美貌與身材，給我留下了深刻印象。正如《撒母耳記上》的描述，他臉色紅潤、眼神清澈，容貌非常俊美。

　　從頭到尾我都清楚地知道我是內維爾，不是其他人，但同時我也知道，這個少年大衛就是我的兒子，而他也知道我是他的父親，因為「唯獨從上頭來的智慧沒有偏見」。我安靜地坐在那裡凝視著我那個美麗的兒子，然後畫面逐漸淡出，直到我醒了過來。

---

4 編按：加雷斯爵士是亞瑟王著名的十二個圓桌騎士之一。

　　「我與耶和華所給我的兒女，就是從住在錫安山萬軍之耶和華來的，在以色列中作為預兆和奇蹟。」（《以賽亞書》8:18）神賜予我大衛，作為我的兒子。「我必使你的後裔接續你的位……我要作他的父，他要作我的子。」（《撒母耳記下》7:12-14）再沒有比透過聖子去認識神更好的方法了。

　　「除了父，沒有人知道子是誰，除了子和受子啟示的人，沒有人知道父是誰。」（《路加福音》10:22）成為大衛之父的經歷，是人類在塵世朝聖的終點。生命的目標，就是去找到大衛之父、主的受膏者、基督。「押尼珥啊，那少年人是誰的兒子？」押尼珥（Abner）說：「我敢在王面前起誓，我不知道。」王說：「你可以問問那幼年人是誰的兒子。」大衛打死非利士人回來，押尼珥領他到掃羅面前，他手中拿著非利士人的頭。掃羅問他說：「少年人哪，你是誰的兒子？」大衛說：「我是你僕人伯利恆人耶西的兒子。」（《撒母耳記上》17:55-58）。耶西（Jesse）是大衛的父親，《聖經》說基督是耶西的本所發出的「枝條」，又說基督是耶西的根。《聖經》中以**我是**（I Am）來代表耶和華，「**我是**」自有永有的，**我是**自己所生，「**我是**」神的兒子、也是神之父；我與父神同質，神無法看見，而我是神的具體形象，人看見了我，就是看見了父。

　　「誰的兒子……？」與大衛無關，而是跟大衛的父親有

關，就是王應許在以色列人中免他納糧當差的人（《撒母耳記上》17:25）。注意，在《撒母耳記上》的所有這些段落中（17:55-56, 58），王問的不是大衛，而是大衛的父親。「我尋得我的僕人大衛……」他要稱呼我說，「你是我的父，是我的神，是拯救我的磐石。我也要立他為長子，為世上最高的君王。」（《詩篇》89）

　　從上頭重生的人必尋得大衛，並知道他是自己的兒子。然後他會問（永遠與我們同在的）法利賽人（Pharisees）：「論到基督，你們的意見如何？他是誰的子孫呢？」他們回答說：「是大衛的子孫。」耶穌說：「這樣，大衛被聖靈感動，怎麼還稱他為主……大衛既稱他為主，他怎麼又是大衛的子孫呢？」（《馬太福音》22:41–45）人們對聖子這個角色（只是個符號與徵兆）的誤解，使得聖子成了偶像。然而，使徒約翰囑咐：「小子們哪，你們要自守，遠避偶像。」（《約翰一書》5:21）

　　神醒來，而被神喚醒的人，成了他父親的父親。他是大衛的子孫，「大衛的子孫，耶穌基督」（《馬太福音》1:1）成了大衛的父親。

　　我不再稱呼「我們的祖宗大衛，你的子。」（《使徒行傳》4:25）「我尋得大衛。」他要稱呼我：「你是我的父。」（《詩篇》89:26）現在，我知道自己是以羅欣，也就是成為

人的神，以及可以成為神的人。「大哉，敬虔的奧祕，無人不以為然。」（《提摩太前書》3:16）如果《聖經》真是歷史，它就不會如此神祕不可解。《使徒行傳》說：「等候父所應許的。」也就是說，神之子大衛會彰顯你為父。耶穌說，我所應許的以及最後實現的時刻，會讓神喜悅地將祂的兒子賜給你，也就是「你的子孫，就是基督」。（《加拉太書》3:16）

修辭是為了引起人們注意，強調及加強字面意義的真實性。真相是實際存在的，而使用的語言文字則是比喻性的。例如，「殿裡的幔子從上到下裂為兩半，地也震動，磐石也崩裂。」（《馬太福音》27:51）

一九六〇年四月八日早晨，就在我得知我是大衛父親的四個月之後，從我的頭骨生出一道閃電，把頭骨頂端到脊椎底部劈成了兩半，彷彿是一棵被閃電擊中的樹。接著，我感覺並看到自己像一道流動的金色光芒，蜿蜒地沿著我的脊椎往上移動；當這道光芒進入我的頭骨時，就像地震一樣激烈振動起來。「神的言語，句句都是煉淨的，投靠他的，他便作他們的盾牌。他的言語，你不可加添，免得他責備你，揭穿你是說謊的。」（《箴言》30:6）「摩西在曠野怎樣舉蛇，人子也必照樣被舉起來。」（《約翰福音》3:14）

這些神祕經驗將有助於使《聖經》從歷史、人物及事件

表象跳脫出來，並回復它對人類生命的真正意義。《聖經》必須「在我們之內」被應驗，神的應許將會實現，你也將獲取這些經驗。「你們就必得著能力，並要在耶路撒冷、猶太全地、撒瑪利亞，直到地極，作我的見證。」（《使徒行傳》1:8）

這個逐漸擴大的圈子，從耶路撒冷、猶太全地、撒瑪利亞，直到地極，是神的計畫。

直到指定的日期之前，應許還在醞釀及日趨成熟中。但是在你尋得大衛（你的子）並接受他啟示你為神（他的父）之前，你的考驗要花上多久時間，有多麼嚴峻，卻不得而知了。然而，應許即將應驗，這不是謊言，所以等候吧，因為它必然到來，不再遲延。

「耶和華豈有難成的事嗎？到明年這個時候，我必回到你這裡，那時撒拉必生一個兒子。」

——《創世紀》18:14

第 12 章

認識你的神聖自我

演講，*1967* 年 *10* 月 *23* 日

這或許是內維爾所有談話中最能完整呈現他心理歷程的一場演講：從強調心理因果關係與滿足願望，到神性的實現。因果與心念的創造力，始終是內維爾哲學的核心部分；但在這裡，他強調願望實現只是工具，旨在讓你認識神聖的自我。就我個人來看，這場演講是我理解內維爾思想的一個轉折點，尤其他指出：「什麼對你是好的？告訴我，因為當世界只是反映你所假設的存在時，那麼所有衝突終將會解決。有一天，在凱撒[1]的世界中，你的財富與權力將使你饜足到厭煩，以至於你終將拋棄這一切，轉而追尋神的道（Word of God）。」

——米奇・霍羅威茨

---

1 編按：凱撒，又譯為該撒。耶穌說「凱撒的歸凱撒，上帝的歸上帝」，把人的靈魂與肉體分開來，分屬於精神世界與現實世界。

　　《路加福音》第二章說到耶穌父母的故事，他們擔心地找了他三天，找到他時就叨念了他一頓，但耶穌只說：「為什麼找我呢？豈不知我應當以我父的事為念嗎？」我請求你不要讓自己處於這樣的心態中。當你只有十二歲，在這個年幼不懂事的年紀，你塵世的父母來找你時，你不應該跟他們說：「我應當以我父的事為念。」

　　這段描述參考了《詩篇》第四十章及《約翰福音》第四章。在《詩篇》第四十章中，你被告知：「我的事在經卷上已經記載了。」每個人最後都會發現：《聖經》就是他自己的自傳。《聖經》寫的不是那些活在不知多少年以前的耶穌基督、摩西、亞伯拉罕、以撒、雅各的故事，而是關於你這個人的故事！《約翰福音》第四章一開始是主耶穌基督與一個撒瑪利亞婦人之間關於井與水的談話，後來門徒對耶穌說：「拉比，你沒有東西吃了。」而耶穌回答：「我有食物吃，是你們所不知道的。我的食物就是遵行那派我來者的旨意，並且完成他的工作。」

　　說得沒錯，你來到這世上，無非是要完成那個派你來這兒的人所交付的工作。誰派你來的？是天父。「人看見我，就是看見那差我來的。我從父出來，到了世界，我又離開世界，往父那裡去。人看見了我，就是看見了父。因為我與父原為一。」（《約翰福音》16:5、10:30）

神必須有一個表達的媒介，世上所有一切都需要人來表達，而且我可以告訴你，神就是人。起初，神照著自己的樣子造人。「並且造男造女，稱他們為人。」仔細閱讀《創世紀》第五章，神造人來表達祂自己，祂來到世上是為了表達並完成祂一開始的構想。神構想出一個狀態，並且知道祂需要人來表達這個狀態，於是祂從自己存在的深處派自己來到這世上，以實現這樣的狀態。

「太初有道，道與神同在，道就是神。」（《約翰福音》1:1）舊約就是神的道（祂的計畫），神透過祂的僕人（先知們）來傳達祂的道。新約是對舊約的詮釋，耶穌基督的故事就是用來解釋舊約記載的預言，你要仔細閱讀，因為其中說到有關耶穌基督的一切，你都將經歷到。經文是這麼說的：「祂的名必稱為『神的道』。」不管是神的道、神的種子或神的創造力，你的想像力就是神的創造力與智慧。你能設想出比人類的想像力更偉大的智慧嗎？腦海裡想某個東西，它馬上就出現在你的心靈之眼前面。或許你畫不好一條直線，但你可以想像你母親的樣子（即使她已經辭世）；不論你想到什麼人，他們都會立刻出現在你的腦海中，這就是你充滿創造力的神奇想像力，也就是你心裡的耶穌基督。祂到世上來，要成就神的道，而且所有一切都必須由在你內心的祂來實現，祂就是你的希望與榮耀。

　　《路加福音》第二十二章告訴我們：「這話必應驗在我身上。」所以，你必須經歷《聖經》關於耶穌基督的一切，才能為你的父親行事。奇蹟般的誕生將是你的，父親身分的發現、升入天堂以及聖靈彷彿鴿子降臨，都會發生在你身上。然後，你就會跟《詩篇》作者一樣說道：「你救我的命脫離死亡。」因為你會從經驗中知道，《聖經》的內容全都與你有關！

　　我從靈魂深處被派來，像磁鐵一樣吸引那些按照各自的順序來實現經卷的人。上週五早上，我的朋友班尼發現自己全身僵硬、無法動彈，連眼睛都睜不開。但他可以聽見自己內在有個孩子在哭，同時感覺到頭骨中有一陣神祕的風在吹；接著，一顆星星在他的頭骨中爆炸，有個裹著襁褓的嬰兒掉落在他的懷中。他看著孩子說：「哦，我的寶貝。」並知道除了他自己，永遠沒有人可以照顧這個孩子。隨著夢境逐漸淡去，他對這個孩子留下深刻的印象。

　　「從上頭重生」以這個方式發生在班尼身上。這件事發生在十月二十日，如果順序正確的話，那麼從現在起的五個月後，班尼將會經歷神的獨生子大衛的到來，而他將揭示班尼就是他的父親。我根據班尼告訴我的事來解讀，我肯定這種誕生的經驗也將發生在他身上。既然神的創造是無限的，為何這種誕生會以相同方式發生在不同的兩個人身上呢？降

生在這個世上的所有嬰兒都來自女人的子宮，但不會有兩次出生是完全相同的，多少都會有些差異。

就在這件事發生在班尼身上的前幾天，他說：「你教導『神的道』時，有人要求你：『跟我們說說耶穌的故事。』你總是這麼回答：『耶穌的故事是一個堅持不懈的假設，說的就是你想成為什麼樣的人，以及事情如何像你渴望的那樣發生。』」沒錯，除非你相信現在的自己就是你在現實中所崇拜的存在，否則你會一直保持渴望的狀態，並因為未實現的渴望而死在罪中。你必須開始相信自己是耶穌基督、是神的道——祂說出口的話語絕對不會無的放矢，而是會成全你的目標並成就你派自己去做的事。那是什麼事？答案是：實現經文所敘述的一切，這就是你來到世上的全部原因。

老實說，你可以變得很富有——如果你渴望如此。但是切記，耶穌的故事是關於堅持不懈的假設，因此你可以堅信自己很富有的這個假設。我在全國各地有許多朋友都非常有錢，但我要說其中有百分之九十九的人都活得很痛苦，他們都會告訴你同一個故事。現在，我想到其中一個經典的例子是一位擁有許多鑽石的女士露絲。她的一件鑽石珠寶就要價十萬美元，所展售的蒂芙尼（Tiffany）首飾通常是成本的三至四倍。當露絲在紐約跟我們一起晚餐時，會配戴一枚胸針、一只戒指及一條項鍊，這些首飾的價值大約是五十萬美

元。露絲出生在一個貧窮的家庭，從小就渴望能成為有錢人，而且始終堅信自己會嫁給大富豪。她身無分文，唯一拿得出手的是她原生家庭的身分——曾經入主白宮的亞當斯家族的後裔。相反的，她後來所嫁的這位大富豪則是來自一個惡棍家族，他的曾祖父曾是紐約的一名主教，因此對於自己的血統以及如何保護它都有萬全的措施。露絲婚後過了二十多年宛如地獄的日子，生了三個兒子；如今，即將邁入七十歲的她，只想擁有更多的財富與更多的鑽石。

這完全無妨。因為耶穌的故事，就是完整且始終如一地堅持「你就是你渴望成為的人」此一假設。如果你尚未體驗過當個有錢人的滋味，而且財富就是你想要的，那麼請堅持「我很富有」的這個假設；如果你沒有體驗過成名的滋味，而且出名就是你想要的，那麼請堅持「我很有名」的這個假設。但是主說，「日子將到，我必命饑荒降在地上。人飢餓非因無餅，乾渴非因無水，乃因不聽耶和華的話。」（《阿摩司書》8:11）如果那樣的飢渴尚未降臨到你身上，就用耶穌的故事來滿足你所有的渴望。

我在紐約時，每次聚會，我這個朋友都會參加。她是一個討人喜歡的人，從來不掩飾自己的渴望。她想要更多的鑽石、翡翠，還有博物館的藝術瑰寶。她承認自己一點都不想聽到大衛的故事，只想擁有更多財富留給她的三個兒子。也

就是說，她想要的是更多的世俗幻象。但是，我誠心希望那樣的飢渴會降臨到你的身上，不是為了更多的餅和水，而是為了聽明白神的道。

《路加福音》說：「摩西的律法、先知的書及詩篇上所記的，凡指著我的話都必須應驗。於是從摩西和眾先知起，凡經上所指著自己的話都給他們講解明白了。」耶穌在質疑塵世的父母時，問道：「為什麼找我呢？豈不知我應當以我父的事為念嗎？」進了會堂，有人把先知以賽亞的書交給他，他打開後讀出《以賽亞書》第六十一章第一節與第二節的前半：「主耶和華的靈在我身上，因為他用膏膏我，叫我傳福音給貧窮的人，差遣我醫好傷心的人，報告被擄的得釋放，被囚的出監牢。」（《路加福音》4:18 及《以賽亞書》61:1）

他來是為了驗證《聖經》的話，他告訴你們，那一天主耶和華的靈來在他身上。《路加福音》的表達方式雖非如此，但他說——正如你們「這一天」聽見的——已經應驗了。他是什麼意思？他看到像鴿子的聖靈降臨在身上，因此他敦促每個人都遵循他的模式，若不藉著這種模式，沒人能到父那裡去。主耶和華的靈降臨，形狀彷彿鴿子；同樣的那隻鴿子飛回到方舟上的諾亞那裡。人是神的約櫃，降臨在人身上的鴿子是來保證一切安好；當牠降臨在他身上，他被告

知「這就是他，你起來膏他。」《路加福音》告訴你，他是如何驗證《聖經》的話，因為他知道「我的事在經卷上已經記載了」。

就像保羅，我必不止住我的嘴唇，我講述了你的得救，也把你永恆的愛告訴了每一個願意傾聽的人。他們或許不接受我的話，但我知道，在某個特定的團體中，那樣的飢渴是存在的，而他們將會開始覺醒。

《耶利米書》（*Jeremiah*）第三十章，耶和華說：「男人會生孩子嗎？我怎麼看見人人都用手撐腰，像臨產的婦人，臉都發白了呢？」希伯來文的 chalat 在英王欽定版本（King James Version）及修訂標準版本（Revised Standard Version）中被誤譯為「腰部」，真正意思是「移出，把自己從身上拉出來」。《詩篇》說：「他救了我的性命脫離死亡。」他指的是肉體，這是死亡的外衣，出現在這世上經歷過榮衰後消失，歸於塵土。那麼，男人會生孩子嗎？會的。讓我們回到稍早時引用的經文：「並且造男造女，稱他們為人。」男女身上的這個子宮不同於世俗婦人的子宮，而是指頭骨。神就在這裡種下祂的「道」，絕不徒然返回，卻要成就祂的旨意，達成祂派我們來此的目的。而這個目的就是驗證《聖經》的話，因為神有一個截然不同的世界，等待著那些成就神的話語之人。

我們被告知:「神的道就是真理。」每個人來到這個世界都是為了驗證真理,在神的道尚未被成就之前,不會離去。當這個世界說你死了,如果神的道尚未在你身上實現,你將會回到跟這一世一樣的真實人生,在一個跟這個世界一樣真實的世界繼續你的旅程,直到那樣的飢渴降臨到你身上,把你拉向終點。

在一七九四年出版的《烏里森之書》(*The Book of Urizen*)中,威廉·布萊克描述代表靈感的依妮薩萌(Enitharmon)子宮中的蛇,牠粉碎了死亡的鱗片,發出的嘶嘶聲變成了小孩的哭聲,同時:

> 亡者聽見小孩的聲音,
> 開始從沉睡中醒來;
> 萬物聽見小孩的聲音,
> 開始甦醒了過來。

你的確聽到你頭骨中小孩的哭聲。雖然看似不可能,但我要告訴你:這是真的。

現在,為了鼓勵那些對真理不感興趣的人,讓我們回頭來說說班尼在靈裡聽我所說的話:「耶穌的故事是一個堅持不懈的假設。」先有個假設,再有堅定的信念,願望成真就

　　會發生在你人生各方面。你想要有錢？這就是耶穌的故事，要對「我有錢」這個假設抱持堅定的信念。因為，除非你相信「我有錢」，否則你將死在自己的罪中，並繼續宣稱「我是窮人」。你想變有名？那麼，堅定地假設「我很出名」。想要健康？那就假設「我很健康」。不論你想成為什麼，你必須先聲明這已經是事實了，並且堅持這個假設。假設是一種信念，沒有信念，就不可能取悅神。你的理性思維可能會否認你已變得有錢，你的感官也會否認這一點，但如果你有信心，勇於假設自己是個富人，你就會成為你渴望的富人。

　　或許，今晚你還是寧可繼續禮拜那個外在的耶穌基督，寧可繼續與世上的羊群同行，而非牧人；但是，你必然想在可安歇的寧靜水邊、在青草地上被餵養，而不是像大多數人那樣，爬上懷疑與恐懼的陡坡。你可以的，只要你能夠堅守這樣的假設：「我衣食無虞，我是被需要的，我很有名，一切都如我所願。」不過，請記住：要讓所有這些事成為現實，你必須要有一個堅定的假設。這就是耶穌的故事。

　　《耶利米書》告訴我們：「耶和華的烈怒必不轉消，直到祂作成和實現心中的計畫。在末後的日子，你們就會明白這事。」耶和華的計畫，就是讓你成為神。「在末後的日子，你們就會明白這事」，神的旨意就是把自己獻給人，而且直到祂實現心中的計畫前，絕不息怒。因此，在未來的日

子，祂會讓那樣的飢渴來到你心中：不是為了餅或更大的房子，也不是為了金銀珠寶，而是為了聽聞神的道。當那樣的飢渴占有你時，除了神的體驗，沒有什麼能夠滿足你。而如果神的旨意就是把自己獻給你並讓你成為祂，那麼當你體驗到祂的話時，你就是神！

　　故事是這樣的：「夫子，律法上的誡命，哪一條是最大的呢？」（《馬太福音》22:36）「以色列啊，你要聽！耶和華我們神是獨一的主。」（《申命記》6:4）在原稿當中，「聽」（hear）這個字是「sh'mA」，最後一個字母比其他字母都要大，而句末的單字「echaD」（翻譯成 one）也是如此。把這兩個字擺一起，就可拼出一個單字 witness，也就是「見證」。

　　《路加福音》最後，你會讀到：「你們就是這些事的見證。你們要等候，直到你們領受從上頭來的能力。」什麼能力？神把這個大能稱為耶穌基督。你注定要把耶穌基督當成一件衣服披於身上。等待祂，因為祂將在你之內誕生。當神的能力與智慧生出時，你會發現祂以孩童樣子誕生的跡象；接著，所有的這些跡象都會展現在你身上，你將披上耶穌基督這件衣服。所以我要告訴你，你將見證我告訴過你的一切，現在，我就要返回到我的來處。

　　我來到這個世界時，完全忘記了「**我是**」的存在。我必

須如此。一九三一年，當我初次見到我的朋友阿布杜拉時，我走進他正在演講的地方。演講結束後，他走了過來，向我伸出手，說道：「內維爾，你遲到了六個月。」我從沒見過這個男人，於是我說：「我遲到六個月？你怎麼會認識我？」他回答：「兄弟們告訴我你會來，但你遲到了六個月。」

我會遲到，是因為那個告訴我阿布杜拉的人是個天主教神父。他是我很親近的朋友，但我覺得他簡直是個白痴。他的父親在禁酒時期是個私酒販子，留給他兩百萬美元，他拿到錢的第一年就在華爾街輸光了。他所做的唯一一件好事，就是把最後的一萬五千美元捐給了一個天主教機構，讓他母親在有生之年得到照顧。正因為我對他的判斷一向不重視，所以當他告訴我阿布杜拉的事時，我一再拖延著不去聽他的演講，直到有一天我的藉口都用光了。當阿布杜拉叫出我的名字時，我說：「我不認識你。」而他回答：「你認識的，只是你忘了。我們數千年前曾一起待在中國，但你為了扮演好你現在的角色，所以承諾要全部忘掉。」

上週五晚上，有位女士寫了一封信給我，信中說道：「上週一當你站在講台上時，我看見的你不是內維爾，而是一位中國古代哲學家。這讓我很困惑，所以返家途中，我一直對這次的經驗感到懷疑，然後我記起來了。數年前在一次通靈體驗中，我和其他學生一起上山去上課。當我與那群人

分開時，我看到一位穿著白衣的中國古人在我身邊，示意要
我跟他走。我們走到一個山洞前，那裡有一塊巨大的花崗
岩，頂端有個岩峰，兩邊圍攏合抱的一個繭覆蓋在岩石頂
部。這個中國古人把繭移開，在花崗岩的頂端打破它，水混
合著五顏六色的油湧了出來，就像生命有了蒸騰的熱氣。接
著，這個中國古人牽著我的手，把我帶回到那群人之中；而
他們完全沒有察覺到我剛才離開過。現在，我知道你上週一
晚上是戴著誰的臉了。」

　　沒錯，早在一九三一年阿布杜拉就透露了訊息給我，但
直到今天我還是懵懵懂懂，因為一開始我就發誓要清空自己
的所有記憶，像一個受控制的奴隸那樣，去相信那個派我來
的人。現在，我已經知道祂與我本為一體，除了回歸到我自
己（也就是派我來的人），我無處可去。為了扮演好每個角
色，我徹底抹除了自己的記憶。但我知道，除非一個人扮演
完所有的角色，否則他無法走到這條路的盡頭。憑著我的直
覺，我明白就像演員必須去感受他所扮演的角色及想像自己
就是他所刻畫的人物一樣，你也必須想像自己完全融入了每
個角色。當你演出的這齣戲落幕時，必會有跡象告訴你：你
真正是誰。

　　來到這裡的你們都渴慕神的道，今天晚上，你們大可不
花半分錢地在家看電視，但你們特別花了時間、金錢來到這

裡，只因為你們的渴慕。我被派來告訴你們，不僅要讓你們知道，當神在你們身上實現了心中的計畫時，你們將成為神；更要讓你們知道，如何藉由喜愛祂的律法，來緩解這個理性世界的衝擊。祂的律法只是一個堅持不懈的假設，主張「我是我想成為的人」。不要去評判一個不渴慕神的人，只需告訴他要怎樣才能成為他想成為的人。

告訴他，耶穌的故事是一個永無止境、堅持不懈的假設，無論他想成為什麼樣的人。在他之內的基督，就是神的大能；他的想像力，就是神的能力與智慧。告訴他，他的想像力知道如何讓假設成真，但前提是，他必須堅持下去。

現在，我要問你：你願意堅持「你是你想成為的人」這個假設嗎？或者，你今晚回家時會這樣告訴自己：「他給了我們一場很不錯的演講，但說到底，他的銀行裡有一百萬美元，而我什麼都沒有。」如果你是這麼想的，你就是違背了指令。因為你有這樣的想法，就代表你缺乏對「我是基督」的信心，而這是宇宙最基本的罪。《聖經》中記載，只有兩種罪會觸犯神；一種是「你們若不信我是基督，必要死在罪中」；另一種是吃了分別善惡樹上的果子。倘若今晚詢問我方的將軍們：「不要再轟炸越南好不好？」他們必然會說：「不好。」倘若我們遠渡重洋去詢問越南人，他們必然會說：「好。」所以，什麼是善？什麼又是惡？

　　我不是在問別人，而是在問你！什麼對你是好的？告訴我，因為這世界若只是反映你所假設的存在，那麼所有的衝突終將會解決。有一天，在凱撒的世界中，你的財富與權力將使你饜足到厭煩，以至於你終將拋棄這一切，轉而追尋神的道。我記得自己曾經擁有數不清的財富、許多房子，每一間房子都雇了很多人，從祕書到園丁不一而足。那是一種墮落、頹廢的生活。我記得自己走出家門，沒有再回去過。我不知道他們最後有沒有找到我的屍體，但我知道，我是故意一走了之的，因為我要遠離那樣的生活。大約十年前，在一趟靈性之旅中，我回到了那個世界，看到一切恍如昨日。奇怪的是，每個人都認出了我，並張開雙臂歡迎我回去，但我只待了一會兒，就帶著那段鮮明的記憶回到了這個世界。因此我相信，一個人必須讓自己徹底活在凱撒的物質世界中直至饜足，才會渴慕神的道，渴求聽見神的話語。

　　我相信你會在這裡，就是因為你的渴慕。我知道你對社會有義務，必須償還凱撒世界的債務，所以你想要更多的錢；然而，你渴慕聽到神的話語，這樣的渴望更勝於你對凱撒世界的物質欲求。這就是為什麼你會在這裡，而你也因此而蒙受祝福。

　　現在，讓我們走進靜默吧！

第 **13** 章
人擁有的能力

演講，*1968* 年 *7* 月 *23* 日

這場演講是以內維爾關於越戰的評論為開場。內維爾對時代所發生的事件不會漠不關心，有時也會對時事與政治發表一些評論（但沒有明顯的黨派之見）。不過，他很快回到了設定好的演講主題：創造力的發揮。這次演講最重要的一段話是：「這個世界寧願擁有被創造出來的東西，而不願擁有創造的能力。」內維爾還生動地談到我們濫用這種能力會發生什麼事。特別值得注意的是，在這場演講的問答交流中，內維爾也對愛與婚姻發表了一些看法。

——米奇・霍羅威茨

今晚的主題是能力。我指的不是凱撒的能力，我今晚要說的是神的能力，因為在凱撒的世界裡，我想所有國家都會承認，以經濟與軍事力量來說，迄今為止，這片國土是凱撒世界中最大的強權。而今天，我們正在對抗的是一個非常弱的國家，同時還發現我們正在打一場史上最長的戰爭。我們說，我們有個目標，也有實現目標的工具，但我們不願意去使用已經擁有的工具。因此，我們修改目標以符合所使用的工具。但這種做法屬於凱撒的世界。如果我們不想修改目標來符合所使用的工具，那麼就切斷誘餌，忘掉它，忘掉所謂的「面子」。但我說的不是那種能力，我要說的是神的能力，在《聖經》中被稱為「耶穌基督」，保羅將基督定義為「神的能力和神的智慧」。在這裡，我們發現，智慧與能力被頌揚並人格化為神創造世界的幫手；這種能力，就是神奇的人類想像力，也就是神的能力！在我看來，就是指《聖經》中的耶穌基督。

今晚，我們要談的是這種能力。《馬可福音》（*Mark*）是最早的福音書，這種有能力的人最先說出口的一段話是：「日期滿了，神的國近了，你們當悔改，信福音。」（《馬可福音》1:15）對於悔改（repent）一詞，我們現在普遍的用法跟《聖經》的意思並不一樣。我們普遍的用法指的是感到自責、懊悔，但這跟 repent 原來的意思毫無關係。事實上，

這個字源自於希臘文的 metanoia，指的是心態及心意的徹底轉變，不帶有任何情緒。

我看到一個目標，但所有一切都在告訴我：「我不能實現。」那麼，我有沒有能力去實現一個目標呢？讓我告訴你，我們有的，我們擁有那樣的能力。那麼，除了有效達成人生的目標，能力更深層的意義是什麼呢？我有一個目標，我擁有達成它的能力嗎？我要告訴各位：有的，你可以想像這個目標，不是嗎？你可以想像如果它成真了會怎樣？你可以感受它成真了，你有什麼感覺？這就是你的能力！現在，你能否保持這樣的想像及感受堅持下去？你能否繼續堅守著那個目標，彷彿它已經成真了？

我不關心你的目標是什麼，如果你知道這種能力就是基督的能力，就有能力達成你的目標。因為對他來說，凡事皆可能。他在聖經中被人格化了，讓我們回頭來看他們如何在一開始就把他擬人化。你可以在《箴言》第八章二十二節至最後的三十六節中讀到：「在耶和華創世之始，在太初創造萬物之先，就有了我。」（《箴言》8:22）其中一個譯本寫的是：「祂創造了我。」但這不是一個好的翻譯。因為我不能說，我創造了我思考的能力，我可以開發它、培養它，這是我與生俱來的能力；我不能說，我創造了我想像的能力，因為我本來就擁有這樣的能力。我或許無法正確地想像，但

我還是擁有想像的能力。因此，在耶和華創世的開始，在太初創造萬物之先，在生出宇宙、奠定大地根基之前，我就像孩子一樣在祂身邊。我在祂那裡為工師，日日為祂所喜愛，常常在祂面前踴躍，踴躍在祂為人預備可住之地，也喜悅住在世人之間（《箴言》8:30-31）。「眾子啊，現在要聽從我，因為尋得我的，就尋得生命，也必蒙耶和華的恩惠。得罪我的，卻害了自己的性命，凡恨惡我的，都喜愛死亡。」（《箴言》8:35-36）

　　你可以在《箴言》第八章中讀到這一段，在這裡他被人格化成一個孩子，是神創造世界的幫手。當你在讀這些文字時，可能覺得不合理，但我告訴你，從我自己實踐轉變心態的技巧，並有過從上頭重生的神祕體驗後，我完全能夠明白這位先知在受到啟發而寫下這段話時，所指為何。有一天，你也會與自己內在被人格化為小孩的創造力相遇。全世界都誤解了這種能力，以為他是一個在兩千年前被牧羊人尋見、包著襁褓的小孩；這代表著創造力在人身上誕生。因此，神確實在世人身上生出祂的創造力，而當這股能力在人身上誕生時，人也如實地成為宇宙創造力的一部分，小孩即象徵著這樣的誕生，也就是象徵著世人意識到了這個能力。所以我就跟祂一樣，當祂創造宇宙時，我就像個孩子在祂身邊。因此在每個人身上，在把我當作宇宙創造力的一部分展現出來

時，小孩即象徵了我已來到了那個時刻。當我尋得了小孩，就尋得了生命。現在，我在自己之中有了生命，我不再是血氣的身體，而成了賜生命的靈。「得罪我的，卻害了自己的性命；凡恨惡我的，都喜愛死亡。」

　　如今，這個世界可說是死亡的世界。所以當你對全世界說這個故事時，大多數的人還是寧願擁有對街那棟大樓或這棟大樓——對他們來說安全又穩當的東西，而不願去了解自己有這股能力。把大樓移走吧，摧毀它，然後把這股重新創造的能力留給我。你可以奪走我創造的東西，但不要奪走我的創造力。這個世界寧可擁有被創造出來的東西，也不願擁有創造的能力。所以，「凡恨惡我的，都喜愛死亡。」他們喜愛的是一個日漸衰敗的遼闊世界。沒錯，今日所建立的一切都會逐漸消逝；它們來到這個世界，歷經榮衰，然後消失。但是請留給我力量，讓我有能力把一切帶入到這個世界。如果你想的話，可以拿走我帶給這個世界的所有東西，但不要剝奪我的創造力，讓我可以在這個世界創造出任何東西。

　　那麼，神所說的悔改（repentance）是什麼意思呢？這是指心態的轉變，是一種轉向的能力，也就是考驗個人進入一個相反方向或狀態的能力。我看到有些人在財務上陷入困境，他們必須付房租、買衣服、養活自己，或許還負擔了必要的社會義務——照顧他人的食衣住行，他們可能是父親或

母親。當我見到他們時，這些人正處於失業狀態。這樣的情況正是在考驗我的能力，考驗我能否將他們置於被雇用的狀態。於是，我將他們帶入腦海中，想像他們獲得有薪酬的工作，真實到可以說服自己的程度——彷彿我所看到的、聽到的以及正在做的事都是發生在現實世界，逼真到就像它們已經成為我正在想像的狀態；只不過這一切都發生在我的想像之中。那麼，如果明天或當下這些人外在的表現確實符合我內在的想像時，表示我已尋得了創造的力量。

我試著將這個方法用在其中一個人身上，然後又用在另一個人身上，不斷嘗試，而它真的行得通。然後，我把這個方法公開，並要求所有相信這個方法的人也親自試一試，看看是否同樣可以發揮與生俱來的這個能力——想像與創造不是專屬某個人的能力。因為只存在著一個基督，並沒有無數個小基督在地球上跑來跑去；只有一個基督，那個基督就是每個人都擁有的人類想像力。

所以，如果我發揮自己的想像力，並應驗了效果，然後你也發揮自己的想像力，同樣也應驗了效果。這是同樣的想像力，只是個人化後成了內維爾，個人化後成了你——不論你叫什麼名字。接下來，你會跟另一個人分享，把它告訴其他人。是的，如果我可以告訴其他人並說服他們，讓他們也去嘗試，那麼嘗試後，它必然也能通過考驗而自我驗證。這

時，我們就可以說「找到他」了。因此，當你在《聖經》中讀到「我們遇見了」，是指遇見誰呢？「摩西在律法上所寫的和眾先知所記的那一位，我們遇見了，就是約瑟的兒子拿撒勒人耶穌。」（《約翰福音》1:45）沒錯，「耶穌」的意思就是「耶和華」的意思，而「耶和華」則意味著「救贖」、「拯救」。

　　如果透過我的想像，把某人從貧窮中拯救出來，讓他變得有錢，那麼這就是耶穌。我行使的是同樣的能力。如果透過想像，讓某個生病的人真的變得健康，那麼這就是耶穌。耶穌從苦難中拯救了他，讓他脫離倒懸之苦。什麼樣的苦難？答案是：生病！如果我一再嘗試、反覆嘗試，都能一一得到應驗，別人怎麼想又有何關係呢？別人怎麼看待我正在宣講的事，又有什麼關係呢？我只知道想像力應驗了它自己的成果，證明它真的行得通。如果它行得通，你何不試一試呢？這就是我所說的能力，它不是外在的某種珍稀小物，你不用花錢去買，因為它是你與生俱來的能力，你只要去發揮它、鍛鍊它就好。

　　所以，《聖經》說你要懺悔、要悔改，不是要你追悔過去，而是要你在運用這種能力前，先徹底轉變心態及方向。一旦你達到某種強度時，這種能力就會自然在你裡頭生出，化身為一個小孩，你可以真切地感受到自己被重生出來——

從自己的頭骨之中：那是一個襁褓中的嬰兒，是你自己生出來的孩子。當然，你並沒有真的從顱骨中孕育出某個小孩，那只是一個徵兆，象徵你從上頭重生以及你進入了神的創造之泉。如今，你擁有了神的創造能力，只有神，別無其他。人就是想像力，而神就是人。神存在我們之內，而我們也存在祂之內。神的創造能力就是人的想像力，實際上也就是耶穌基督自己，再沒有別的耶穌基督了。所以，突然之間你會發現，這世界都在談論什麼：他們把耶穌基督安置在外頭，把祂當成了某種神，而事實上，祂存在於每個人裡頭。

現在，讓我以自己的經驗告訴你，我對這個法則的了解。在凱撒的世界裡，我一直在浪費這個能力，而全世界數十億的人口每一年也都在這麼做，看看我們的戰爭以及那些無意義的愚行。然而，你不能浪費這個能力，你可以濫用，但不能浪費。想像他人的醜惡之舉，想像自己令人討厭的地方，我可能時時刻刻都帶著憎恨的心情去錯用它；但是，我不能浪費它。我會讓你了解，為什麼你不能浪費它。

許多年前的一個晚上，我突然意識到周遭有兩個生命體，而我是那個察覺、感知到他們的人。所以說起來，連我在內，一共存在著三個生命體，而我是感知者。我的上方站著一位你無法想像有多美麗的女人，她是一位天使，美的化身，也是萬物的天使，她是如此美麗動人！我的下方是一個

人類無法想像有多醜惡的怪物，披著像猿一樣的皮毛，但是他會說話，會發出粗嘎的聲音。我看著他，他也看著我，並指著那個美麗的天使，叫她「母親」。我被這個醜惡的怪物弄得心煩意亂，所以狠狠地揍了他一頓；他卻不懷好意地竊笑。他喜歡暴力，並以暴力為食。所以每一次我變得粗暴時，他就變得更強大。而那個美麗的存在，一直在散發耀眼的光芒，但她卻被這個醜惡的東西稱為「母親」。當我正在揍這個討厭的東西時，突然之間，我恍然大悟：「我懂了，他就是被我浪費的所有能量的化身，而另一個存在則是我擁抱過的所有高貴心念的體現與化身。」

我看著這個東西，我沒有任何人可以指著起誓。我突然感受到一股前所未有的慈悲，看著這個醜惡的怪物，我意識到他不過是我所浪費能量的產物，他本不該被生出。於是，我對自己說：「我將救贖你，即便要花上我永生永世的時間。」我對自己發誓，我會救贖他。然後，你知道發生什麼事了嗎？就在這一刻，就在我眼前，這個醜惡的東西整個萎縮了。這個能力的化身、外表醜惡的東西變得越來越小，甚至最後沒有留下任何曾經存在的痕跡。然而，當它越縮越小並消失無蹤後，這股能量回到了我的身上！我感受到無限的能力，一心覺得只要這股能量可以回到我身上，我願意做任何事。雖然被錯用了，但它並未被浪費，也從未失去。「在

我整個聖山上，沒有東西被丟失。」

所以，你不會失去這個能力；你可能會濫用，但你不會失去它。有一天，你也會面對一個像這樣的醜陋東西。我完全知道我做過什麼。要救贖他，你不必等待，你對自己發誓並認真以對：「我將救贖你，即便要花上我永生永世的時間。」就在這一刻，那個怪物萎縮了，變得越來越小，而另一個天使則越來越亮，像星星一樣發光。她是你所有美好想法的化身，也是永恆的象徵，而且會變得越來越強大。你所做的每個美好善行都會餵養她，而你所做的每個卑劣惡行都會餵養他。他們始終與你同行，她輕訴著美好的事物，鼓勵你變得高尚，而他則低聲慫恿你要施暴行。如果你面臨人生的重大抉擇，掙扎於自己應該做什麼，他會想被餵養，但他只能以暴力為食，而她也只能以人類美好、高貴的心念為食。所以說，是人類創造了他們！你看到的是自己創造出來的東西，全都來自你自己的想像力，來自我們相同的能力。從這時起，你知道了你是誰。你是創造力，要改變你的世界，讓它變得更美好。你不是在外在世界做這件事，而是在你的內在世界、在你的想像中做這所有一切。

想像力就是神，再沒有別的神了！祂的名字就叫「**我是**」，永遠永遠都是如此。祂就是神！然而，當你遇見自己想像力的化身時，你會看到一個人，這個人就是「無限的

愛」；你也會遇見穿上另一件衣服的他，此時的他叫「無限能力（Infinite Power），或是叫「無限智慧」（Infinite Wisdom）。你將了解，你真正的存在是千變萬化的，扮演了所有的角色。當你遇見他時，他的根本存在是愛，但他也是能力，你所看到是他的能力，也是智慧。你不必問「你是誰？」這一類的問題，顯然你就站在無限的愛、無限能力及無限智慧的面前。

《聖經》說「神就是愛」，如今你知道這些經文是真實的。你站在神——無限的愛——面前，而那是一個人！

科學家告訴我們的是一種客觀、非人的力量；但我說的不是非人的力量，而是極為個人的力量，神就是人。

> 「你是人，不再是神。你必須學會崇拜自己的人性。」
> ——威廉·布萊克

由於所有一切都是神，而神又是人，祂的所有屬性都被人格化了。因此，當你遇見能力之神，祂是人；遇見智慧之神，祂是人；遇見愛之神，祂也是人。

所以我告訴你，我所說的這種能力，就存在於你美好的人類想像力中。你不用去求助其他人，也不用外求，你所需要的都在你自己裡頭。「天國就在你們心裡。」而神就在祂

的天國之中。如果我轉而內求，我該轉向何處呢？轉向自己
美好的想像力，然後想像自己渴望的東西是真實的，就像我
的現實世界那樣真實，並說服自己那是真的，真實到可以說
服自己的程度，那麼它就會成真，它會給自己披上這個世界
所謂的現實外衣；但現實不是眾人當下即可看見的，而是一
種我所想像的、看不見的狀態。你找到橡樹，把它砍下來，
它會藉由不可見的狀態自我更新；你用刀殺死羔羊，但羔羊
的現實永遠存在人類看不見之處。

在我們這個美好的世界中，你擁有想像及創造的能力。
你不需要財務的力量，那沒有用，你沒辦法買到健康，沒辦
法買到尊敬。你或許可以暫時買到，但沒有人會真的尊敬
你；一旦你沒了錢，就不會再有人尊敬你了。你不需要用凱
撒世界的任何東西來買你想要的。「你們都來，」《聖經》
告訴我們，「不用銀錢、不用價值來買。」「不用銀錢來
買」，意思是你用的不是凱撒世界的錢，而是用你本具的人
類想像力。

我來說個故事。我南方的一個朋友去了一家理髮店，店
裡有四個理髮師。他先找了排名第一的理髮師幫他理髮，前
後去了三次。後來有一次這位大牌理髮師沒辦法幫他服務，
於是他換了一個最小牌的理髮師，也就是排名第四的理髮
師。他很喜歡這個理髮師幫他剪頭髮的方式，兩人聊過後，

他知道了這個人非常喜歡現在這個工作，或者應該說他熱愛理髮的工作。而我的朋友只需要知道這件事。他問：「你真的很喜歡理髮？」理髮師回答：「我就是喜歡。除了理髮，我不會做其他事。我就是喜歡。」

　　現在，輪到我朋友要做他該做的事：他想像這個人是一家理髮店的店長。他沒有跟對方商量，沒有跟排名第一的理髮師商量，也沒有跟任何人商量；他只是想到了這個人，而他很喜歡這個理髮師。於是，他想像這個人是一家理髮店的店長，但不是這家店。六個星期後，這位理髮師決定辭掉工作。至於他如何籌到錢去開店，我朋友沒有告訴我，但他真的成功開了一家理髮店，從排名第四、最小牌的理髮師，一躍成為店長。就在兩個月前，這位理髮師來紐約參加一場理髮師之間的競賽。他帶了店裡另兩名理髮師同行，結果拿到了四面獎牌（全場比賽總共只有五面獎牌）。理髮師自己贏了兩個獎項──冠軍與亞軍，而他店裡的兩名理髮師則贏得了兩個亞軍。此外，他還直接晉級另一場地區性競賽（即美國西部七州），最後他勝出了，獎品包括現金一千美元。這項大獎的獎牌如今高掛在他店裡的牆上，而這一切的源頭，是我朋友運用了他的想像力！

　　我這個朋友很擅長操控「想像與創造」的能力。他是廣告代理商，年初時老闆對他說：「這是我最好的一個客戶，

我不想失去它，但你知道這個行業正在走下坡，我們得做些
什麼讓它起死回生。」於是，他坐下來盤算著：「如果想像
可以創造現實，那麼我的唯一問題就是去面對這些自以為英
明睿智的人，並說服他們讓我的行銷活動能夠放手一搏。前
提是我要能說動他們，這些廣告一定會成功；我不能跟他們
說我可能做到，而是要告訴他們，我的廣告已經證明了這一
點。」於是，他搞定了這整件事。˙

　　這二十個英明睿智的人都是億萬富翁（因為這是全球最
龐大的跨國產業之一），當我朋友在董事會上向這二十個人
做簡報時，自視甚高的他們一致覺得道德上不允許他們答應
做這樣的事。但我朋友告訴他們這是法則的運作方式，也就
是想像會創造現實。「所以，如果你們想讓某件事被創造出
來，就把這個工作交給我，我會把你們的渴望變成已經存在
的事實，你們只要說出來就好。」今年的第一季，這個產業
的表現不僅沒有往下掉，反而扭轉了劣勢，利潤比去年同期
增加了七千五百萬美元，我說的是「淨利」。現在，這群英
明睿智、有良好道德規範的大富豪無比慶幸他們當初的決
定！他們看到了銀行裡的存款，看到所有這一切，於是他們
所謂的道德規範全都消失得無影無蹤了。因為，他們看到了
另一條以往不知道的法則。

　　我看到他的競爭對手寫來的信。我朋友的老闆收到了另

一家廣告商的來信，信中寫道：「你知道，我要向你脫帽致敬，你套用了我們在工作上一直都在使用的法則。」當然，這是個天大的謊言，因為他根本從來沒使用過這個法則。然後他又說：「我完全知道你做了什麼。」他試圖刺探我朋友的老闆，想找出他們到底做了什麼。在這封信中，他聲稱自己確實知道並一直在使用這個法則。「除非充分了解這個法則並活在這個法則之下的人，否則無法為我們所用。我們不在乎他的宗教背景，他可以是天主教徒、新教徒、猶太教徒或無神論者，但他必須把這個法則當作他的生活準則。」沒錯，我看到的這封信就是在刺探，他想釣出那個真正想出這個法則的人，讓這個人站出來告訴他，這到底是怎麼一回事。

這兩個故事的主導者是同一個人。現在，他每個週六早上都會去理髮店，店長也都等著為他服務。他真心喜歡這個小伙子，因此將這個小伙子從最小牌的理髮師推到了店長。他知道這個小伙子喜歡給人理髮，做他最喜歡的事。於是，他想幫忙：「如果你喜歡做這一行，那就成為這一行的頂尖好手吧！」告訴我你想要什麼，或許你想要成為一名妻子，或是「想要有個自己的家」。這有什麼錯呢？我的母親從來沒外出工作過，她生養了十個孩子，她跟各司其職的僕人們一起住在家裡。我的姊妹們也從不工作，同樣跟僕人住在家裡。我的妻子一直工作到我可以養活她為止，當我負擔得起

整個家庭生計之後，我就對她說：「從現在開始，你可以不必去工作了。」然後她就把工作辭了，一直到現在。那是我們婚後近兩年的事，當我可以養活她之後，她就沒再出去工作了。

所以，告訴我你想要什麼，然後讓我說服自己你真的想要它、你已經擁有它了。只要我確實相信你已經擁有它了，你就會得到它。如果我無法說服自己，那麼我就失敗了，但我沒有因此浪費我的能量，因為我全程都充滿了愛。當你充滿愛地代表他人去運用你的想像力時，你是很明智地在使用你的能力。即使你沒能成功地得到想要的結果，你仍然是以明智的方式在使用它，如此一來，你就不會跟我一樣也遇上了那頭怪物。但是，每個人都有可能在不知不覺中創造出那頭怪物，因為每個人都可能濫用這股能量，而被濫用的能量就會變成這個可怕的東西。

你是否曾經好好想過：「到底我這個念頭是從哪裡冒出來的？」那不是一個好想法。它來自你所創造的某個怪物，那是你浪費掉的某些能量，有一天他會在門檻與你迎面相對，而你必須救贖他，因為基督必須被救贖。雖然他是救世主，但他也是一個需要被救贖的人，因為他只是能量，是我們的一種能力。無限的創造能力就是基督，也就是神的能力。所以，我所說的能力就是你擁有的神奇想像力，而人類

的想像力就是神。所以我告訴你們，人就是想像力，而神就是人，神存在我們裡頭，而我們也存在祂裡頭（人的永恆身體是想像力，也是神自己）。我們是耶穌神聖身體的一部分，我們是他的肢體。沒錯，每個人都能想像，因此每個人都是同一具身體上的肢體。

這就是為什麼《箴言》第八章會說，我在他旁邊像個小孩。「尋得我的，就尋得生命。得罪我的，卻害了自己的性命；恨惡我的，都喜愛死亡。」所以，尋得祂的，就可以從上頭重生；「人若不重生，就不能見神的國。」從上頭重生，是以包著襁褓的孩子來象徵。這不是發生在兩千年前、僅此一次的某件小事，而是正在發生的事！你從有了懺悔的心開始，悔改、相信福音故事，而「悔改」只是在挑戰你、考驗你。

你能把一個人從理髮店最卑微的助手拉高成店長嗎？你可以把他想像成一個真正的負責人、一個熱愛理髮的人，而且你也喜歡他嗎？那麼，你可以試試！將他帶入想像中，彷彿他就是自己生命中那個真正重要的人；突然之間，他就在理髮店中躍升到最高的地位，還在整個西部地區贏得了所有的獎項。另外，身為廣告代理商的這個人，如今也有資格去主宰自己的工作待遇，讓老闆對他說：「你想要什麼？」老闆想要留住他，每年都會主動給他（呃，我聽說是一年三到

四次）一大筆獎金支票。我的這個朋友一點都沒想過要辭職，但他的老闆更迫切地想要留住他，所以他得到了一筆又一筆的獎金。而我朋友有什麼回應呢？他接受了，不拿白不拿。

　　所以，我請在座的每個人都親自試試，不要光聽不練。你是操作它的那股能力，因為它自己無法運作。所以當我知道該做什麼時，我就去做！今天晚上想睡就去睡，但應該怎麼睡？應該在什麼意識狀態下入睡？難道要帶著自己不被需要的感覺入睡？這樣的話，明天起床後，你會發現自己就是個不被需要的人。忽視生活中的事實，去假設你是被需要的；忽視生活中的事實，去假設你很富有，然後看看事情會如何在你的世界運作……一切都會順理成真地如你所願。你正在創造一種無限的能力，而且不需要與這個世界有任何聯繫，也不需要去結交對的人或做其他事。你只需要知道基督，基督就是你美好的人類想像力！除了基督之外，你還需要知道什麼 ?!

　　別讓任何人告訴你，耶穌基督就在那裡，看起來如何如何。《聖經》中沒有關於耶穌基督的任何個人表徵，也沒有關於他長相的任何話語。然而，我們的教堂卻有成千上百幅的基督畫像，每一幅都在告訴你耶穌的模樣，但卻沒有兩幅是一模一樣的。事實上，他看起來就像你我，正如你在經文中所見：「將來如何，還未顯明，但我們知道主若顯現，我

們必要像祂。」（《約翰一書》3:2）當祂顯現時，必要像你。因此，別讓任何人跟你說祂看起來不像你，因為那不是基督。儘管第二誡說「不可為自己雕刻偶像」，我們還是有許多小小的放縱，跪拜在偶像面前，稱其為基督。那是以人類雙手造出來的東西，而人們卻忘記了創造者是誰，反過頭來崇拜這個被創造出來的東西。別忘了創造者！創造者就是神奇的人類想像力，那是你所擁有的。不論你創造出什麼，都不會比身為創造者的你更偉大。因此，你可以創造財富，就算別人奪走了，也沒關係，因為你可以創造出另一筆財富。不論你可以創造出什麼，萬一被別人拿走了，你都可以再創造出來。這就是我所說的能力，而我所說的，不是任何世俗的力量。

去年我在巴貝多待了幾個月，我那發了大財的兄長談到了一些人，我想他沒有意識到自己說了什麼。他提到的五個人全是千萬富翁，他一直在告訴我，他們有多努力工作、做了多少事，所以才擁有了許多財富。我說：「維克，你羨慕他們嗎？」「當然！他們有權有勢得很。」我說：「何謂有權有勢？你剛為我敘述了五個人的生平，你用語言生動地描述這五個人。你所描述的最後一個人才六十三歲，你說他擁有二千五百萬美元，但如今他要人告訴他什麼時候吃飯，因為他不知道自己何時要吃飯，他也不知道自己叫什麼名字，

他什麼都不知道。直到有人把食物放進他的嘴巴，叫他
『嚼』，他就嚼，一直嚼到有人叫他『吞』，然後他才吞。
你說那算是人嗎？他有二千五百萬美元，那又怎樣！至於你
提到的其他人，則是拿他們所有的時間在賺錢、在製造東
西。你所提到的每個人，就算是我最討厭的敵人（如果我有
的話），都不會想把他們放在這樣的處境當中。所以，那個
人很有錢，但他連自己有五分錢的這個事實都無法意識到，
那麼他有二千五百萬美元有什麼用呢？而你可以把那樣的人
稱作是人嗎？我對於人之所以為人的概念，不是這樣的。

　「維克，我現在告訴你的是一件截然不同的事。你很有
錢，這種事或許永遠不會發生在你身上。你想跟這些傢伙一
樣家財萬貫嗎？這些傢伙都瘋了，他們把一生都奉獻在積聚
財物上，然後反過頭來崇拜這些財物。你可別崇拜這些身外
之物，你要崇拜神，而且只能崇拜唯一的神，那就是你所擁
有的神奇想像力，不能忘記這一點。如果這棟大樓是你的，
但萬一它今天晚上就燒毀了呢？那又怎樣？你既然知道要如
何把它蓋起來，那就再蓋一棟好了。明天，你所擁有的一切
可能會付之一炬，所以不必為你在這個世界所積聚的東西擔
驚受怕。尋得神並只崇拜神，祂不假外求，你也不會在外頭
的世界看到祂，而是只會在你的裡頭看到祂。你可以看到**我
是**（I Am）嗎？你可以看到自己的心念所反映的那個人，你

若說『我是個窮人』，就必看見他人眼中所反映的自己——他們都知道你是個窮人。你可以看到你對自己抱持的所有看法，但你看不見那個設想出這一切的存在。那就是神！我對自己的看法可能是這樣、那樣或其他，這些看法將會被反映出來，人們會告訴我，我所設想的自己是什麼樣子，但沒有人知道我真正是誰！他們不知道設想者是誰，但他們知道我所設想的自己是誰。我的銀行存款餘額會告訴銀行業者，我所設想的自己是什麼樣的人。人們看見的，都是我設想出來的看法，而不是我這個設想者。不要忘了設想者，他就是神！而那個存在就是你美好的『**我是**』，也就是神，只能是神，別無其他，以前不是，未來也不是。」

　　神彰顯了祂自己的存在，因為祂深藏在我們裡頭。祂將自己帶入了生生不息的創造之流中，所以同一個存在——神——具備了無限的潛能。但是，現實中的神並不是無限的，因為祂會死，否則就無法擴大，無法超越現在的自己。神不斷無限制地擴大，但只做有限制的收縮；當祂變成內維爾時，祂讓自己承擔了這樣的限制——收縮的限制、不透明的限制。現在，透過我內在的懺悔，徹底轉變了心態，祂得以打破外殼。換句話說，我發揮想像力，讓祂打破了外殼，於是就沒了擴展的限制，也沒了不透明的限制，只有祂加諸在自己身上的限制，也就是死亡的限制。因此，神就是無限

的潛能，在座的每個人都將加入美妙的創造力之流，與神合而為一！

現在，當你聽到這個方法時，別只是聽了就忘，要勇於嘗試。以極端的方式來考驗它，然後告訴另一個人，再讓他去告訴別人，傳播這個好消息，這就是所謂的「福音」。這是關於神的好消息：神如何變成人，而人也可能變成神。如果神的名字是「**我是**」（這是存在的核心），如果我說「**我是病了**」，我可以擺脫生病的狀態，卻無法擺脫成為「**我是**」；我可以擺脫貧窮，變得富有，但我無法擺脫成為「**我是**」！所以，「**我是**」成了我存在的核心；那麼現在，祂就是我的存在。如果那是神、是我的存在，那麼祂就變成了我！神成了我，而我也可能成為跟祂一樣。祂讓自己承擔了這個限制，讓我有可能成為不斷無限擴展的祂。

所以今晚，你們可以試試這個方法，以這世上的所有一切來考驗它。未婚的你如果渴望結婚，這世上有什麼東西可以暗示你已經結婚了？答案是：一枚小小的戒指。在西方世界，戴在無名指上的戒指，代表了已婚的狀態。這枚戒指不必鑲嵌像蛋那麼大的寶石，只要一枚普普通通的金戒指就可以了。如果無名指戴上它，就暗示著你是已婚者。今天晚上睡覺前，想像你戴了這樣一枚戒指，你不必真的戴上這枚戒指，只要想像你的無名指戴了一枚戒指就行。在你的想像中

去感覺它，你可以做到的！就像感覺一顆球，你可以感覺到一顆球嗎？然後，感覺一塊絲綢，一個接著一個地去感覺這些東西。你能分辨它們的不同嗎？如果你能夠分辨出一枚戒指、一顆網球或棒球以及一塊絲綢之間的區別，那麼絕對沒有東西是你分辨不出來的。即便你的眼睛看不見，但這些東西是真實存在的！我可以分辨這些看不見的東西，那麼雖然我看不見它們，它們也一定是真實存在的。所以現在，請在想像中拿起那枚戒指，把它戴在你的無名指上，去感受它的存在，然後為那個幫你戴上戒指的人感到驕傲。你不必去看那個人長什麼模樣，當他為你戴上這枚戒指時，你會為他的姓氏感到驕傲，你將會冠上他的姓氏，並為這個人感到驕傲。請把戒指戴在你的無名指上。

　　你知道我為什麼會知道這個方法嗎？因為我的妻子就是這麼做的！真的，她使用過這個方法。有一天，她遇見一位所謂的通靈人士，這個女人對她說：「你為什麼要把結婚戒指拿下來？」她說：「我還沒結婚呢。」女人說：「別騙我了，你只是把結婚戒指拿下來而已。」她說：「但是我還沒結婚啊。」於是女人說：「我連你先生叫什麼名字都知道。」然後女人開始說，內伯、內巴、內法……她沒有完全說對，但已經相當接近了。她真的察覺到了我妻子意識中的感受。當我第一次遇到我妻子時，我就想跟她結婚。但我當

時還在糾結一段感情，不過藉著這個法則，我在沒有傷害任何人的情況下，終於擺脫了那些錯綜複雜的關係，而可以真正合法地說出：「你願意嫁給我嗎？」但與此同時，她也戴上了那枚想像中的戒指。在我還沒真的幫她戴上戒指之前，她就允許了我為她戴上那枚戒指——因為她上床睡覺前，會想像我為她戴上戒指。

因此，我想告訴未婚的女士，如果你想結婚（或許有人不想），真心想要結婚的話，這是達成目的的好方法，你的對象會突然冒出來，你不必成為任何人，也不必想方設法地去結識對的人；因為通常當你越想去遇見對的人，越是會遇上不對的人。所以，不要刻意去尋找，那些追尋愛的人，只是突顯了他們缺乏愛；而缺乏愛的人，永遠找不到愛。只有充滿愛的人才能找到愛，他們從來不刻意去尋找，他們會把愛吸引過來，愛會主動找上他們。

所以，這就是我所說的能力：宇宙的力量。創造力以及維持宇宙的力量，就是存在於你之內的人類想像力。想像力就是神，別忘了這一點。我知道要你們相信不容易，因為人類早已被訓練去信仰一個外在的神。人們會上教堂，跪下來向一個外在的神祈禱；到了晚上回家後，又跪在床邊祈禱，對象同樣是一個外在的神。或許對有些人來說這是好事，但我告訴你：神不在外頭。雖然你不會因此受到責難，但祂是

以非常個人的方式存在你裡頭；我可以告訴你，祂是以非常非常個人的方式存在你裡頭。就像《聖經》所說的：「你輕忽生你的磐石。」（《申命記》32:18）這句話看似一種比喻，但這個比喻多麼真實啊！

　　有天晚上我一個人靜靜地坐著，更確切來說，是某個傍晚時分；當時我沒有特別想什麼，卻突然有股力量展現在我眼前。這是一股巨大的力量，我看著它時，它破裂成無數的小碎片，然後又重新組合起來。但是它不再組合成原來的那股力量，而是重新組成一個呈現蓮花坐姿的人。我看著這個人，他現在已完美地安坐了下來；當我看著他時，才發現我正在看著的這個人就是我自己。於是身為感知者的我，觀察著自己在蓮花坐姿下陷入深沉的冥想。當我意識到正在看著自己時，那個我開始發光，不斷地發光，越來越明亮，在到達最亮時他爆炸了，然後我回到了這個世界中。我是在哪裡看到他的呢？在我內在的世界裡，就是那個正在冥想著的我，而現在的我不過是他在這個世界的自我投射而已。當他在我裡頭徹底覺醒時，我就是他。神真的變成了我，而我也可能變成神！他磨練我的所有技能，允許我犯下所有的錯誤，創造出我先前提到的那頭怪物。雖然我創造出那頭怪物，但我也創造出充滿愛的天使。而在他的冥想中，他允許這一切發生。他是我內在世界的做夢者，他夢到剛剛的情

景，夢到我在這個世界所夢到的一切。當他醒來時，這一切都不復存在；我就是他，而他就是神！

所以，讓我告訴你，敞開心房，今晚就開始嘗試。我可以向你保證，如果你確實地去做，絕對不會失敗。

現在，讓我們進入靜默之中。很好，有任何問題想問我嗎？就讓今晚成為一個充實的夜晚吧！

問：【聽不清楚】

答：《聖經》告訴我們（事實上，在凱撒世界的現行法律也是如此），一個人的證詞在法庭上是不被接受的，必須要有兩個證人。我們已經有一個外在的見證，以《聖經》的書面文字存在；而人是活的文字，他必須去複製《聖經》的文字，必須去經歷《聖經》中的所有故事。因此，當他確實體驗到《聖經》時，他有兩個見證人：一個是他內在的父，一個是外在的書面文字（即《聖經》）。《啟示錄》第十一章提到「我那兩個見證人」，如果兩個不同的人在證詞上達成一致，那就是決定性的確證；如果一個人前來發誓，即便他說的是真話，在法庭上也無法被接受。他說的可能是事實，但必須要有第二個人來確認他所言為真。現在，神的見證就是《聖經》，那麼聖經所言字字為真嗎？讓我以自己的

經驗來告訴你，《聖經》所言字字為真。但《聖經》不是世俗的歷史，而是超自然的歷史。所以，當你體驗《聖經》中的故事時，你會在靈魂的遙遠之境體驗到它。它將複製《聖經》所記載的歷史，也就是超自然的歷史、救贖的歷史。

問：【聽不清楚】

答：那是當然，親愛的，否則你不會在這裡。如果你不渴望擁有神的體驗，你就不會在這裡。這個世界還不夠飢渴到能夠擁有神的體驗。《聖經》告訴我們：「我必命饑荒降在地上，人飢餓非因無餅，乾渴非因無水，乃因不聽耶和華的話。」當那樣的飢渴發生在你身上時，除了神的體驗，沒有其他東西能夠滿足你，即便給你全世界的財富；當那樣的飢渴發生在你身上時，除了神的體驗，世界上沒有其他東西能真正澆熄那樣的飢渴。《聖經》記載了神的完整故事，而世人可以體驗《聖經》的故事。《聖經》必然會在你我之內應驗，所以我們會有兩個見證人：一個是我們所經歷的體驗，一個是外在的《聖經》文字。

　　還有其他問題嗎？儘管發問，讓我們擁有一個美好又充實的夜晚。還有十分鐘的時間。

問：【聽不清楚】

答：不，親愛的，當你想像時是在播種。但是，當我們看到
這些想像投射在空間的螢幕時，我們意識不到那是我們
的收穫。我們會說：「我從來沒想過這樣的事。」但我
們一定有過，否則不會遇上這樣的結果。所以，想像就
是在播種，當時機成熟時，它會從隱形的旅程中冒出頭
來，出現在空間的螢幕上。這時，你就會看到它，不過
你未必能辨認出那是你的收穫。但我要告訴你，不要太
在意你要用什麼方法才能有收穫，你只需要知道自己想
要的結果是什麼，堅持那個結果，你就不會傷害到任何
人。如果你嘗試去設計方法，反而會把整件事搞砸。曾
經有人對我說：「你知道，我想要跟那個男人結婚，非
他不可。」我說：「你不是想要跟那個男人結婚，你只
是想要有個幸福的婚姻。你並不是非那個男人不嫁。」
「我是啊，我非那個男人不嫁，其他人免談。」然後，
我接下來要說的話總是令她們感到震驚。我說：「如果
他現在死了，你還想跟他結婚嗎？」「可是，他不會死
啊……」「我不是問你這個。我是說，如果他現在死
了，或者如果他現在被指控為全世界的頭號竊賊或殺人
犯，你還想跟他結婚嗎？」「哎呀，內維爾，你為什麼
要問這些問題呢？我就是想跟這個男人結婚嘛。」

　　但是，你可以看出來，其實她們想要的不是那個男人，而是想擁有幸福的婚姻。我參加過很多場婚禮，新娘們都曾經告訴我「我非那個男人不嫁」，但新郎往往不是「那個男人」！所以，當這些新娘看到我站在走道上時，都會感覺到很尷尬，因為她們曾經揚言「非那個男人不嫁」，結果嫁的根本就不是那個男人。這就是為什麼當她們跟另一半幸福地走上紅毯時，經過我身旁都會有點羞赧，因為她們心知肚明：我知道她們的新郎不是「那個男人」。

　　你想要擁有幸福的婚姻，沒問題，這就是你要的結果。那麼，讓他來吧，讓他披上這個世界中所有會讓你感到幸福的衣服出現吧。他不必是某個受到女粉絲崇拜的偶像，因為在他們的世界中隨隨便便就離婚，這會對女方（或男方）造成什麼影響呢？但我知道，這不會是你真正想要的。

　　你想要的是一個可以託付終身的男人，他回到家，這個家就圓滿了。當他回到家而你不在家時，這個家會變得空空洞洞。我知道自己想要的是什麼，我也擁有了。如果我回到家而比爾[1]不在，即使家裡有我的朋友，即使我可能正在開派對（一場雞尾酒派對有十多個人參加），當他們問我：「比爾人呢？」而我回答：

「哎，她不在。」你知道，整場派對就變得毫無意義，
直到她回到家。如果她出門時說：「我五點會回來。」
然後她直到六點才到家，那麼在五點到六點之間，我就
會變得魂不守舍：「她人在哪兒呢？」每個人都應該擁
有這樣的關係。當你的另一半（不管是男主人或女主
人）不在家時，房子會顯得毫無生氣。如果說我回到家
時，她在不在家對我都無所謂的話，那麼我結婚是為了
什麼？如果她在不在家對我來說毫不相干，這就不叫做
婚姻了。當夫妻其中一方不在家時，房子必須顯得空洞
而沒有生氣。如果我知道在她心中，我可以想回家就回
家、想出去就出去，她毫不在意也不關心，那她就不是
我的妻子了！我知道，總有一天我會留下她而離開人
世，或是她先離開而留下我，但是當我們在一起時，我
希望我們彼此都能有這樣的感覺：只要另一半不在家，
就會覺得房子空空洞洞的。我自私地希望，她能夠有同
樣的感覺。

　　還有其他問題嗎？

---

1 編按：比爾是內維爾對妻子的暱稱，他妻子的閨名是凱瑟琳‧葳拉‧舒姆
斯（Catherine Willa Van Schumus, 1907–1975）。

問：【聽不清楚】

答：不管有意或無意，人們所創造出來的東西都一樣具體。
但是在這個世界，我們應該要學習有意識地去創造。不
過我不能否認，無意識的創造也一樣有效。我們看到某
條新聞，即便不認識涉及到這條新聞的人，也會有所反
應。這種帶著強烈感受的反應，就是一種創造行為。所
以，不管你是有意或無意地做出反應，都是一種創造。
因此，對你正在做的事要有覺知；或者我可以這樣說，
你們要變得越來越有意識，所做的事都是自己仔細選擇
過的。我們不會走進一家店，然後說：「給我拿一條領
帶。」我們會選擇。我會說：「不要只給我看三條領
帶，我要多看一些。」可能是五十條或一百條，然後我
會從中選出一條或兩條領帶。我不會走進一家店，然後
說：「給我拿一套西裝。」我會說：「請讓我看一些西
裝的大小。」然後從一打或更多套的西裝中，根據質
料、顏色及衣櫃中所缺少的樣式去挑出一套，讓我的穿
著更有變化。於是我挑了一套出來，讓裁縫師幫我修
改，而不是讓他來告訴我，我應該會想要哪一套。

問：【聽不清楚】

答：不，一樣有效。人們整天都在接收世界上最糟糕的東

西，而這些全是他們自己在無意間種下的。他們可能坐在紐約家中，把整份報紙從頭到尾讀過一遍。像《紐約每日新聞》這種以聳動報導為特點的小報，每天的發行量超過兩百五十萬份（我估計週日發行量可達五百萬份），除了負面、否定及消極的字句之外沒有別的，不外乎是誰謀殺了誰、誰強暴了誰、誰跟誰的老婆在一起等等，而讀者就是愛看這些，因為他們的日子太單調無趣，於是這些新聞成了某種替代品。等他們去上班時，就以這些胡說八道來餵養彼此；因此他們才會結結實實地讀上一個小時。然後，事情開始以一種不正常的方式在他們世界發生，雖然他們沒有意識到自己做了什麼，但所有事情都是他們自己惹出來的。他們一視同仁地滋養、壯大了這些因，埋下了日後的惡果。這就像走進一家餐廳，然後問說：「廚師今天想扔掉什麼？」餐廳的人可能會這樣回答：「我們的燉菜做太多了，四天了還賣不掉，我們想便宜地賣掉。」於是今天，他們會給這道燉菜取個不一樣的名稱，然後把它賤賣出去。但我不想要這個，把菜單拿給我吧。

我朋友曾經教了我一課。有一次我們去一家餐廳，粗心大意的侍者上菜時把一些湯灑了出來。我朋友把他叫了過來，然後問他：「告訴我，你這是施捨嗎？」那

個侍者嚇呆了。我朋友繼續問：「我問你的是一個非常簡單的問題，這是施捨嗎？」然後那個侍者回答：「先生，你的意思是？」「我要付錢嗎？」那個侍者回答：「當然要啊，先生。」於是我朋友說：「那麼請把它拿回去，給我上一盤乾乾淨淨、沒有被灑出來的湯。」侍者馬上就把湯盤端走，換給他另一盤乾淨、沒有被灑出來的湯。如果那些灑出來的湯是施捨的，就讓它這樣吧，我不能抱怨；但如果我得為這盤湯付錢，請你把它端回去，換一盤好的給我。這是我們都應該學習的一課，有太多粗心大意的事情發生，卻沒有任何人去撥亂反正。

問：【聽不清楚】

答：我很樂意。首先，我不會與神分離。祂只有一個名字，而我也只有那個名字；我不能指著別的地方說祂的旨意，一旦我說出「祂的旨意」，我就跟祂分離了。所以我問自己：「你想要什麼，內維爾？」由於這整個世界都是你自己從內而外的投射，所以你不會傷害到任何人，但你無法否認你仍然擁有欲望，你仍然想要某些東西。你想要它，你就要假設自己已經擁有它，然後放手讓事情自然發生。如果需要許許多多的資源去幫助這個

假設成真，那麼不論是在有意或無意的情況下，這些資源都會被用上。然而，如果我還在等待事情發生，並開口問道：「這是神的旨意嗎？」我會永遠都在等待，沒錯，永遠。我應該付房租是神的旨意嗎？或者我被房東趕出去才是神的旨意？我可能會堅持說：「讓祂先告訴我。」因為有朋友會說：「你知道的，你需要謙卑，你需要那個經驗，你需要事情被引爆出來……」我受夠了，我不需要上兩次同樣的課！我有過這樣的經驗，當我以為那是神的旨意而放手讓祂去做之後，到了月底，我同樣付不出房租。房東說：「我不能再幫你了，你搬走吧。」我曾經等著神來告訴我應該做什麼，但是祂從來沒告訴過我。我必須靠自己。所以當我結婚時，我知道我的人生有了義務；接著孩子出生了，我又背負著另一個人的責任。我還要讓外面的某個存在來告訴我該怎麼做嗎？不，我知道自己必須做些什麼。送她去上學？沒問題。你能上大學嗎？你想上大學嗎？好的。那麼，讓她上大學就是我的義務，而我也做到了。

相反的，如果我等著某個外面的存在來告訴我：「呃，或許她不該去上大學，這樣你會輕鬆些。」那麼我就是在推卸責任，你的整個世界都在推卸責任。不，親愛的，你要自己做決定；即使錯了，你還是要自己做

決定，你會因為這些決定而學到寶貴的一課。但是，假如你想藉著不做決定來避免犯錯——你知道《啟示錄》的那個故事嗎？「我巴不得你或冷或熱，你既如溫水，也不冷也不熱，所以我必從我口中把你吐出去。」你不能用溫水來煮咖啡或茶。你知道，反對我的人會這麼說：「內維爾，我認為你是個瘋子，你跟那些來聽你演講的人都瘋了。」沒錯，我不只一次被人這麼說。結果是，那些真正反對我的人，都變成了我最好的學生；而那些第一次聽我演講就跟我說「我覺得你講得很棒」的人，再也沒有回來過。那些說「我覺得這個人瘋了」的人，後來都會回來找我。

在紐約第四十九街，我遇見了兩位女士。一位女士正在向外地來的朋友介紹紐約市，她們剛好看到我的一張大幅照片擺在櫥窗裡，跟我的書放在一起。於是其中一位女士問：「你知道他是誰嗎？」對方回答：「不知道。」「他就是第四十八街那個瘋狂的神祕主義者。哦，你得去聽聽他的演講，他瘋瘋癲癲的。我們都去聽過他的演講，因為他瘋起來真的很好玩。」她說，「坐下來聽他的演講很有趣，不用花半毛錢。」當時，聽眾都是自願來的，所以每個星期都有近千名的聽眾來聽那個第四十八街的瘋狂神祕主義者演講。但是，那些來聽

我演講並覺得「哇，他真的瘋了」的人，往往會提出問題來挑戰我，最後變成我的好學生；而那些像街上這兩位女士一樣的人，會說「哇，他是個瘋狂的神祕主義者，我們去瞧瞧、找點樂子」的人，永遠都不會成為我的學生。他們有熱愛的偶像，也向這些偶像祈禱，雖然祂從來沒有回應過他們；儘管如此，他們仍然懷抱著希望繼續祈禱。

問：【聽不清楚】

答：親愛的，我認為要盡量具體。我只是知道自己想要的東西是什麼，想知道它們的細節，然後得到它們。如果你無法那麼具體，也沒關係；先訂個目標，一個整體性的目標。如果你可以做到具體入微，神也會給你非常明確的回應，在神的世界中描繪出完美的輪廓。看看你們拇指的指紋，每個人的指紋都跟別人不一樣，體味也是如此，否則獵犬就無法尋人。只要想像三億五千萬的人口中，竟沒有兩個人有一模一樣的體味，也沒有兩個人有一模一樣的聲音（有相似的，但不是完全一樣）。磁帶可以證明這一點，當你說話時，聲音的振動會被記錄下來，你無法複製它。相似？有可能，但是沒有兩個人的聲音會一模一樣。所以，你是如此的獨一無二，你是唯

一旦僅有的，無法被取代，永遠沒有任何人可以取代
你。這是你必須得救的原因，否則永生神的殿便無法完
成 [2]，你是這殿中的一顆石頭。當神把你造成如此獨特
的存在時，祂是非常具體、明確的。正因為神不會在人
群中錯失我的這個簡單理由，我就不會「迷失在人群
中」，我是獨一無二的個體，而且我永遠會是越來越獨
一無二的個體。

問：【聽不清楚】

答：謙和的人是自律或訓練有素的人。「謙和的人有福了！
因為他們必承受地土。」（《馬太福音》5:5）因為他們
已經學會了如何運用自己的想像力。

---

2 編按：《哥林多後書》：「因為我們是永生神的殿，就如神曾說：我要在
他們中間居住，在他們中間來往；我要作他們的神，他們要作我的子民。」

第 **14** 章

進入夢境

演講，1969 年 11 月 21 日

這場演講可以看出內維爾對詩人與神祕主義者威廉‧布萊克（1757–1827）的濃厚興趣，尤其是在內維爾職業生涯的後期。內維爾曾經說到，直到他開始理解布萊克，他自己的哲學論點才得以成熟。他發現布萊克對思想的神聖本質有獨特的洞見，並在這方面與自己的看法不謀而合，於是將兩者結合了起來。內維爾也在這場演講中談及他對當代文學的興趣，包括他與小說家及散文家赫胥黎（1894–1963）的相遇。

——米奇‧霍羅威茨

　　神只是使徒，並存在於萬物或人類裡面。神擁抱著經驗之火，祂被火焰吞噬，再從灰燼中復活，浴火重生為耶穌基督或神聖的想像力。善與惡不是某些仁慈的神祇所強加的條件，而是靈魂為了超越自己、覺醒為神所必須經歷的狀態。

　　今晚，我將跟你們分享一個朋友的經驗。有位女士曾寫信給我，信裡寫道：「在夢中我擁有一種特殊的能力，想成為什麼就能成為什麼。當我觀察到某個生命或事物的那一刻，我就可以變成它，感受到它的情感，分享它的想法及環境。我整晚都在這麼做，而且很不情願醒過來，因為我很享受這樣的體驗。」

　　現在，我要告訴你赫胥黎（Aldous Huxley）是如何描述他的朋友勞倫斯（D. H. Lawrence）的：

　　跟勞倫斯在一起是一種冒險，一趟探索新事物的發現之旅。因為，他有自己的秩序，並且活在一個與常人不同的世界裡——一個更明亮、更深邃的世界。只要他一開口說話，就會使你們在這個世界裡得到自由。他看待事物的眼光，像是一個曾經瀕臨死亡的人；當他從黑暗中出現時，世界就向他展現出深不可測的美麗與神祕。對勞倫斯來說，存在是一種持續不斷的康復期，彷彿他每天都從一場致命的疾病中重生。即便是最隨意的談話，

也不經意地流露出康復者的眼神。與他一起在鄉間漫步，彷彿走在豐富又饒有深意的景觀之中，成了他所有小說的背景與角色。他似乎知道成為一棵樹、雛菊、破碎的浪潮或甚至神祕的月亮是什麼樣的感受，就像他親身體驗過一樣。他可以進入動物的皮膚，以最令人信服的細節告訴你牠的感覺，以及那些晦澀難懂、非人類的想法。

我相當確定我這位女性朋友從來沒讀過這封信，但我給了她我的不朽之眼。如今，想像之眼在她的內在世界睜開了，她分享了從一種狀態轉換到另一種狀態、從非人類轉換到人類的經驗，了解它們的感受與情感。這怎麼可能呢？這是因為神是唯一的演員，扮演著所有角色。

威廉・布萊克寫下了這段話：「永恆是存在的，而且永恆中的所有事物都與創造無關，這是一種仁慈的行為⋯⋯由此可知，我不認為正義或邪惡的人是至高無上的，他們都是靈魂可能落入的沉睡狀態，當靈魂跟隨著蛇離開天堂時，他們就會陷入善與惡的致命夢境中。」

這世上的一切，都是你自己由內而外的投射。你可以進入這世上的所有動物體內，體驗牠們的感受，因為牠們都是你的真我（very self）。

　　你是宇宙的生命力，萬物都由你而造，凡被造的，沒有一樣不是藉著你的手，因為你就是生命。這是我的經驗之談。整個宇宙都活在你之內，外頭不存在任何生命，是你賦予了宇宙生命，阻止它運作或放手讓它運作。布萊克說得對：「神只存在並作用於萬物或人類之中。」因為神是唯一的行動者，在人類的想像中充滿想像力地行事。

　　坐在這裡的你，可以在想像中看見你的家，雖然它並不像這個房間那樣有立體的現實感。但總有一天，你腦海想到的東西，會比你現在看到的我這個演講者更加生動。你會進入它，不是像一道影子，而是以三維空間的方式。當我坐在椅子上或躺在床上休息時，閉上眼睛宛如沉睡，然後就能看見睜眼時所看不見的東西。我清楚地知道身在何處、正在做什麼事，我允許意識跟隨著夢中所見，在我開始探索那個世界之際，走進那幅籠罩著我的景象之中。

　　如今，我已知道布萊克這段話有多真實：「如果旁觀者可以進入他所想像的這些景象，坐在他沉思的戰車上接近它們；如果他可以進入諾亞的彩虹或進入他的懷抱，或者能跟這些不斷懇求他離開塵世、奇形怪狀的東西成為朋友和同伴，他就能從墳墓中走出來，在空中與主相遇，而滿心喜樂。」

　　許多次當我坐在椅子上或躺在床上時，我的心靈之眼睜開了，我看到了凡人之眼無法看到的東西。然後，我會允許

我的意識在沉思的戰車上繼續前進，進入這幅景象之中。披著現在的外衣，我在這個世界叫內維爾；但我（一個有意識的存在）已經離開了這具軀體，進入了包裹在我周圍的另一個世界。當我探索那個世界時，我披上另一具軀殼，它跟我留在床上或椅子上的那具軀殼一樣真實。如果有人這時走進房間，他們會以為內維爾只是在睡覺。然而，我卻是完全清醒著，有意識地察覺到自己與外在的自我是分離的。

看著鏡中的自己，你看到的是神在這個死亡世界所戴上的面具，但你看不到那個永生的你。你的親友看似死了，但他已經不是被放進焚化爐燒毀或被埋葬在墳墓之中的那個人。他是「**我是**」的存在意識，正在探索跟這個世界一樣真實的另一個世界，直到他體驗到經文的奧祕。

你看，神只是使徒。我坐在椅子上，看到了原本看不見的東西，並且有意識地進入我所見到的景象中去行事。我發現這裡不是一個平面，而是一個完整、隨時都可進入的三維現實。

我的朋友知道，把自己變成任何她感到興趣的事物是什麼感覺；而我相當確定，她從來沒讀過赫胥黎寫給勞倫斯的這封信。這是同一個赫胥黎，我曾經試著告訴他我從上頭重生、大衛以及我與你們分享的夢中景象，他當時表現得毫無興趣。他喜歡有我這樣的朋友，但是就跟每個人一樣，他也

有自己的界線：在某個社交圈子裡，如果你以不同腔調說出某個單字，就可能被劃分成一個「不屬於」這個圈子的人。某種程度上，赫胥黎不想聽我的夢境，也是因為我並沒有以他認為「每個人都應如此」的方式說話。我可以告訴他的事，甚至比他的朋友勞倫斯最瘋狂的夢境更瘋狂。然而，因為赫胥黎個人的小小障礙，讓他聽不進去我的話。

　　但是，我要告訴今晚坐在這裡的你，你是唯一的神。你將從經驗中得知這一點，因為這一天即將到來。你將會看到，在你心靈之眼中的想法會以三維的立體畫面呈現，就像你現在看到的演講者一樣，而不只是腦海中的一個念頭而已。當你打開了想像之眼，會立刻進入到那個想法之中，不論那是發生在一萬年前的事，或是存在於你所認為的未來之中。我要告訴你：所有一切都存在於此時此刻，等著你進入並與你合而為一。

　　就像威廉·布萊克一樣，有一天你也會了解，善與惡都不是至高無上的狀態，你將會原諒每個人的所作所為，不管是現在或過去的作為。你會知道，雖然他的行為看起來很可怕，但是從這個層面來看，他只是在表達一種狀態，而且必須按照這種狀態的指令行事。善與惡僅僅是人的靈魂為了喚醒自己的真實存在所必須經歷的狀態，他必須擁抱經驗之火，必須被火焰吞噬，才能從餘燼中復活，並與派他來的存

在合而為一。

　　我無法告訴你，當想像之眼睜開時，等著你去體驗的那些感受有多令人亢奮、激動；因為只有到那個時候，你才能第一次真正去看見。當你打開耳朵時，會聽見凡人之耳無法聽見的聲音，正如你會看見凡人之眼無法看見的景象一樣。大約一個星期前，我去一家公司處理我的聯邦醫療保險，他們要求我證明我即將年滿六十五歲。我清楚記得自己曾經拿到洗禮證明，但已經好幾年沒有看過那張證明了，而且也完全不知道自己把它放哪兒了。兩天前的凌晨一點半左右，我的神聖弟兄對我說：「洗禮證明就在你的皮夾裡。」我醒來後，打開了梳妝台抽屜，在皮夾中找到了那張我妻子在一九三八年交給我的洗禮證明。一九二四年，我拿到這張證明，那時的我是舞團的一分子，需要它才能前往倫敦。所以我知道，當想像之眼與想像之耳打開時，內心的每一個渴望及期盼都會被看到並聽到。這就是你的命運。

　　我說，你是神，這世上唯一的演員，不論你想像了什麼，神都能扮演好角色。祂也是唯一的行動者，透過想像來行動。你可以想像任何事並相信它的真實性，把這個信念用在想像上，它就會實現。當威廉・布萊克說到永恆時，他是這麼說的：「永恆是存在的，而且永恆中的所有事物都與創造無關，這是一種仁慈的行為。」他指的是你所穿戴上的血

肉之軀，你的衣服；它是永恆的，任何人都可以（而且許多人都會）穿上這件衣服。就我而言，這是一件會讓人覺醒的衣服；我不是那件被叫做內維爾的衣服，也不是我在百老匯所演過的任何角色（我曾經演過六部戲，但我只是個演員，不是我在那些戲中所扮演的任何人物）。神也是如此，祂是永恆中唯一的演員，也是人類的想像力。在祂下凡並接受這些有生死局限的永恆身軀時，人類的想像力早已設計好了整齣戲的情節。而且，人類的想像力也將會從這些永恆身軀中復活，回到祂的來處──神聖想像力。

《創世記》是這麼說的：「蛇對女人說：『你們不一定死，因為神知道，你們吃的日子眼睛就明亮了，你們便如神能知道善惡。』」這是你想提升神聖的想像力所必須知道的。蛇知道當你吃了分別善惡樹上的果子，雖然不一定死，但你必須擁抱經驗之火，宛如它的受害者般被火焰吞噬，然後跟神一樣，從灰燼中復活。那就是這段經文所說的故事。

布萊克補充了以上的故事，他說我們跟隨著蛇離開了天堂，這意味著，我們並非始於這個世界，而是跟隨著蛇的世代離開了天堂，蛇告訴我們，當我們擁抱善與惡的偉大經驗時，將被經驗的烈火所吞噬，但我們不會死，而是從灰燼中復活。在《約翰福音》中，約翰以一種美好的方式來描述：「我從父出來，到了世界，我又離開世界，往父那裡去。」

所以，我們並非始於這裡，而是從父出來；我們發現身上穿的這件外衣（即現在的血肉之軀）似乎開始於某個時間點，但其實是宇宙結構中的某個永恆部分。以我自己來說，我的這件外衣似乎開始於一九〇五年，但它不是一直始終如此，而是會長大，然後在六十幾歲時離開人世。我們所穿的這件外衣總會出現，為神所擁有，走到某個時間點後就消失了。

所有這些都只不過是揀選來穿在身上的衣服，但人們卻誤以為他們就是穿戴在身上的那件衣服，因為他們不知道神是誰。事實上，神就在那個外衣之內。你美好的人類想像力就是神，祂存在於萬物或人類裡頭，扮演著所有角色。在宇宙中，沒有別的神，也沒有其他的行事者。

如果你想考驗神，但做無妨。你那不朽的眼睛與耳朵毋須張開，就可以試驗你的創造能力，只要假設你就是你想成為的那個人。堅定你的信心，忠於你的假設，即便現實世界的所有一切都在否定這個假設，但你終究會變成那樣的人。無論你是誰或這個世界如何看待你，對這個想像的「我」來說，凡事都有可能。正如我前面提過的，如果赫胥黎能聽進我的訊息，而不是只在意我的英語腔調，那麼我告訴的事會比勞倫斯最瘋狂的夢境更瘋狂。但在他眼中，我只是一個來自殖民地的紐約市民；而就像所有英國人一樣，在他眼中，殖民地的人是沒有地位的。如果你說不好一口正統的牛津或

劍橋口音，你就只是來自殖民地的人，而不是他們之中的一分子。

如果赫胥黎願意仔細聽我說，我就可以告訴他，變成海浪或海洋是什麼感覺。當我還是個小男孩時（離青春期還有好幾年），我就知道有些晚上會發生這種事，讓我不敢上床睡覺（事實上，這些體驗在進入青春期後就停止了）。成為海洋是不可思議的事，而成為為破碎的浪潮（存在的一小部分）更讓人驚駭：我這片海洋，會把自己的這道浪潮拋向天空，然後在這道浪潮落下時接住它，並送往自己的懷抱。這段長達數年的時期，這樣的經驗一個月大概會有一次發生在我身上。如果赫胥黎願意聽我說，我會告訴他，成為無邊無際的光是什麼感覺。但我的口音在他心中設下了一道障礙，讓他聽不進我的話。這個世界一向如此。

人們以貌取人，因為凡人之眼看不見人的真正存在。神會在未知且不可見的情況下找上我們，然後以奇妙的神祕方式讓我們發現祂是誰，並讓我們以第一人稱、單數、現在式來體驗祂的存在。

當我說你「你是神」時，並不是在奉承你，因為每個人都是神。凶手與受害者、強暴者與被強暴者原本就出自同一人，他們的所作所為全都是神的善惡體驗，目的在於超越善惡，昇華為神聖想像力（也就是神自己）。你和我降生在這

個世上，擁抱經驗之火，再被火焰所吞噬；我們穿上的小衣衫曾經無數次被燒毀，而從灰燼之中，我們又找到一個新的身體（像舊的身體一樣，只是更新、更健康也更美好）。然後隨著時間流逝，等著再次被燃燒殆盡。我們會不斷被燒毀，一次又一次，直到復活成為主耶穌基督（也就是神本身）的那一刻，就不用再經歷燒毀、修復的過程。所以當布萊克說「神只是使徒」，就是這個意思。神是唯一的行事者，一旦你開始想像，祂就會開始行動，讓你所有的想像都會成真。

　　今晚我遲到了。昨天，有個朋友來找我共進午餐，她認識那個每週帶我來這裡的朋友。她說：「他不是很不牢靠嗎？」我立刻回答：「不會！我從來不覺得！」但這不是她想聽到的答案。她個性強烈，而且知道如何聯絡上對方。今天，我朋友第一次打電話跟我說，他沒辦法帶我過來。你看，一個強烈的暗示加上想像，就說出了這位女士想聽的話。我告訴她我朋友從未失約，顯然這種話她永遠都不會滿意。

　　世界上有些人徒有光鮮亮麗的外表，但在外表之下，他們的情感非常激烈，他們不知道這只會傷害到自己。她沒辦法影響我，雖然毫無疑問地她試過；但倘若她真的這麼做了，就會以她不知道的方式回報到她身上，讓她自食其果。我喜歡這位女士，但她性格激烈，而且也跟赫胥黎是同一種

人——如果她認為你不是來自某個身家背景，你就不可能走進她的社交圈子。

　　我已經說過無數次了，我對這個世界的上流社會沒有分別心。雖然我說過自己是亞伯拉罕的後裔，但我說的是精神層面的追隨，而不是實質肉體的後代子孫。因為，在身為亞伯拉罕的狀態下，我相信在這個世界成為現在這個樣子之前，我已經得知一個真相——不存在任何實質性的特權階級或上層社會，只存在著精神及靈性層面的貴族階級；而後者是由那些把「復活的主」（Risen Lord）身體力行的人所組成的。只要她能理解，我可以一直說下去，但她做不到。因為她相信的是實質的上流社會，但事實上那並不存在。

　　不要欽羨或臣服於那些拿權勢地位來壓你的人，我從來不覺得自己比不上任何人。雖然就體力來說，沒錯，有人一拳就可以把我擊倒；就智力來說，有人毫無疑問地比我更聰明；就財務來說，更是……但是，我從來不覺得自己沒有別人優秀，他或許是個智識巨擘、數學天才、音樂神童或各行各業的龍頭，但這並不代表我就不如他。

　　今天，當我看著那張洗禮證明時，我覺得很有趣。我父親的職業被列為肉販，因為他開了一間肉品鋪子。萬一讓那位女士看到這張證明，我想我大概永遠別想再踏進她的社交圈子了。但我要力勸你，永遠不要任憑別人告訴你，你不如

他們。因為你比全世界的人都要偉大，因為你就是那個扮演所有角色的神，你扮演了他們所有人：騙子、冒牌貨、體面的人、富人、窮人、知名人士、沒沒無聞的人，你扮演了他們所有人，否則你就不會出現在這裡了。

你之所以在這裡，是因為你快要覺醒了，你將從這場夢中醒過來，發現你創造了這齣戲，發現沒有別人在扮演這些角色——除了你自己。而當你扮演了所有角色之後，你將會被發生在你裡頭的一連串特定事件給喚醒。接著，你會打開內在的眼睛與耳朵，就像我今天早晨一樣：我的靈性弟兄們告訴我，哪裡可以找到我的洗禮證明。我已經快三十年沒看過那個皮夾了，我沒有隨身攜帶皮夾的習慣，也不開車，而且我的妻子隨時都帶著錢，所以我要皮夾幹嘛呢？但是，就像我的靈性弟兄們告訴我的，那張皺巴巴的黃色小紙片真的就在那裡。

我告訴你：所有一切都存在於此時此刻。我們說，月亮已經存在了數十億年之久，但事實上，你完全無法估量你的年齡——因為你從來沒有不曾存在的時候，也從來不會有停止存在的時候。你並非開始於某個特定的時間，而是進入你所創造的時間中，去體驗善惡來擴展你一直都不曾消失的存在。儘管你的出生證明顯示，你開始出現在這個世界的時間，但你只是穿上了這件戲服而已；你是唯一的演員，也是

神本身。你甚至不能說你離神很近，因為很近仍代表有距離，而不是合而為一。神不是離你很近，因為當你說「**我是**」時，你就是聲明了祂就是你的真我。

從現在起，開始相信你真正的存在就是神，無論你想像要成為什麼。保持信心，堅持下去，它就會變成事實。

現在，讓我們一起走進靜默之中。

勇於假設
內維爾·戈達德的格言

渴望是尋求顯化的一種意識狀態。

——《所有人的自由》，1942 年

人們只會告訴你，你所設想的自己是什麼樣子。

——演講，1948 年

堅持假設，保持信心，假設就會成為事實。

——《洛杉磯時報》引述，1951 年 7 月 7 日

接受我的挑戰，讓我的話經受考驗。如果這個法則行不通，它的知識也不能安慰你；如果它不是真的，你必須摒棄它……我希望你有勇氣來考驗我。

——演講，1948 年

神是什麼？祂是人、是心智，也是心境。

      ——《紐約客》引述，1943 年 9 月 11 日

如果有證據可證明某件事，那麼世界怎麼想重要嗎？

       ——演講，1967 年 11 月 6 日

勇敢假設你就是你想成為的那種人，勇敢假設你已經到達你想要到達之處，即使你的理性與感官不承認。

  ——《不朽之人》（Immortal Man）的演講，1977 年

除非你把自己當成想成為的那個人，否則萬軍之耶和華不會回應你的願望，因為「接受」是祂行動的管道。

 ——《覺知的力量》（The Power of Awareness），1952 年

丟掉鏡子，改變你的臉；別管這個世界，改變你對自己的看法與設想。

      ——《你的信念就是財富》，1941 年

看低別人的人，就是在竊取他人的東西，竊取他人與生俱來的平等權利。

     ——《洛杉磯時報》引述，1951 年 7 月 7 日

不要試圖改變別人，他們只是信使，要告訴你「你是誰」；
重新評價自己，他們就會確認你的改變。

　　　　　　　——《你的信念就是財富》，1941 年

愚人剝削世界，智者美化世界。

　　　　　　　——《禱告：相信的藝術》
　　　　　　（ *Prayer: The Art of Believing* ），1945 年

想要改變世界，就要先改變對自我的看法，否則只是在對抗
事物的本質。

　　　　　　　——《探尋》，1946 年

人類想像力真實且全面的覺醒，是每個人都渴望的。

　　　　　　　——《不朽之人》的演講，1977 年

每個人必定會發現，《聖經》就是他的自傳。

　　　　　　　——演講，1967 年 10 月 23 日

可塑性是人類未來最顯著的一個特質。

　　　　　　　——《超越世界：第四維度思考》，1949 年

內維爾・戈達德大事記

1905 年： 於二月十九日出生於巴貝多島聖邁克爾（St. Michael）的一個英國家庭，在十個孩子（九個男孩與一個女孩）中排行第四。

1922 年： 十七歲前往紐約學習戲劇，成功嶄露頭角，曾經參演舞台劇、默片及百老匯的若干角色，也曾加入舞蹈團的歐洲巡迴演出。

1923 年： 與瑪麗・休斯（Mildred Mary Hughes）維持了短暫的婚姻，並在次年生下兒子約瑟夫・戈達德（Joseph Goddard）。

1929 年： 內維爾將這一年標記為開始踏上神祕旅程的一年：「大約在清晨三點半至四點時，我被帶進一個屬靈的神聖會社，眾神在此會談。」（摘自《不朽之人》的演講，1977 年）

1931 年： 經過數年的神祕學研究後，內維爾遇到了他的導師阿布杜拉，一位纏著頭巾的猶太黑人。兩人一起在紐約市研究、交流了五年之久。

1938 年：開始自己的教學與演講。

1939 年：出版第一本書《聽從你的指令》。

1940–1941 年：遇見凱瑟琳·葳拉·舒姆斯（Catherine Willa Van Schumus），後來成了他的第二任妻子。

1941 年：出版了更長也更具企圖心的第二本書《你的信念就是財富》。

1942 年：與凱瑟琳結婚，也在這一年生下了女兒維多莉亞；同年，內維爾出版了《所有人的自由：聖經的實際應用》。

1942–1943 年：十一月到三月在軍隊服役，後來回到紐約市格林威治村的家。一九四三年，他的簡介與評論出現在《紐約客》雜誌。

1944 年：出版《感覺即祕訣》（*Feeling Is the Secret*）。

1945 年：出版《禱告：相信的藝術》（*Prayer: The Art of Believing*）。

1946 年：在紐約遇見英國神祕學家以色列·雷加迪（Israel Regardie），雷加迪在作品《形而上學的浪漫史》（*The Romance of Metaphysics*）中提到了內維爾。同年，內維爾也出版了他的小冊子《探尋》。

1948 年：在洛杉磯演說經典的「五堂課」系列，許多學生認為這些講座是內維爾對於自己的方法論所做過

的最清晰也最令人信服的總結，並於他離世後被
集結成書。

1949 年：出版《超越世界：第四維度思考》。

1952 年：出版《覺知的力量》。

1954 年：出版《覺醒的想像力》。

1955 年：在洛杉磯主持廣播節目與電視節目。

1956 年：出版《稼穡：聖經的神祕觀點》（*Seedtime and Harvest: A Mystical View of the Scriptures*）。

1959 年：經歷了從自己的頭骨中重生的神祕體驗，其他的神祕經驗持續發生並延續到次年。

1960 年：發行一張誦讀專輯。

1961 年：出版《法則與應許》，最後一章「應許」詳述了他在一九五九年所經歷的神祕經驗，以及其他後來發生的神祕經驗。

1964 年：出版了小冊子《破繭而出：聖經的一課》（*He Breaks the Shell: A Lesson in Scripture*）。

1966 年：出版最後一本完整長度的書《復活》，囊括了自一九四〇年代至今的四部作品，以及同時期最後與該書同名的文章；該篇文章完整描述了他的神祕觀點以及人類對自身神性的體現。

1972 年：十月一日，內維爾在西好萊塢（West Hollywood）

辭世，享年六十七歲。根據《洛杉磯時報》報導，他死於「明顯的心臟病發作」。安葬於巴貝多聖邁克爾的家族墓地上。

國家圖書館出版品預行編目資料

天賦的力量：新時代教父內維爾最經典收錄 ／ 內維爾
. 戈達德作；林資香譯 . -- 初版 . -- 臺北市：三采文化
, 2020.09
　　面；　　公分 . -- (Spirit；25)
ISBN 978-957-658-398-8(平裝)

1. 靈修 2. 神學

244.93　　　　　　　　　　109010771

@ 封面圖片提供：
Kirasolly / Shutterstock.com

suncolor
三采文化集團

Spirit 25

天賦的力量：
新時代教父內維爾最經典收錄

作者｜ 內維爾·戈達德 Neville Goddard　　譯者｜ 林資香
企劃主編｜ 張芳瑜　　特約執行主編｜ 莊雪珠
美術主編｜ 藍秀婷　　封面設計｜ 池婉珊　　內頁排版｜ 曾綺惠　　校對｜ 黃薇霓

發行人｜ 張輝明　　總編輯｜ 曾雅青　　發行所｜ 三采文化股份有限公司
地址｜ 台北市內湖區瑞光路 513 巷 33 號 8 樓
傳訊｜ TEL:8797-1234　FAX:8797-1688　　網址｜ www.suncolor.com.tw
郵政劃撥｜ 帳號：14319060　　戶名：三采文化股份有限公司
初版發行｜ 2020 年 9 月 30 日　定價｜ NT$480
　　5 刷｜ 2024 年 7 月 25 日